TRAITS ÉDIFIANTS

DE LA

VIE DU B. BENOIT-JOSEPH LABRE

APPROBATION.

Nous PIERRE-Louis PARISIS, Évêque d'Arras, de Boulogne et de Saint-Omer,

Vu le rapport qui nous a été fait sur le *Recueil des traits les plus édifiants de la vie du bienheureux Benoît-Joseph Labre*, estimons que cet ouvrage peut contribuer à l'édification des fidèles et à l'accroissement de leur confiance envers le Bienheureux.

Arras, le 27 septembre 1862.

† PIERRE-LOUIS,

Évêque d'Arras, de Boulogne et de Saint-Omer.

RECUEIL

DES

TRAITS LES PLUS ÉDIFIANTS

DE LA

VIE DU BIENHEUREUX

BENOIT-JOSEPH LABRE

SUIVI DE PLUSIEURS

PRIÈRES ET CANTIQUES EN SON HONNEUR

et d'une

COURTE NOTICE SUR LE PÈLERINAGE D'AMETTES

ARRAS

TYPOGRAPHIE ROUSSEAU-LEROY,

26, RUE SAINT-MAURICE, 26

1862

AVANT-PROPOS.

Depuis plus d'un siècle, un grand nombre d'écrivains se sont fait un devoir de retracer la vie du pieux pélerin, du saint pauvre, Benoît-Joseph Labre, dont la réputation de vertu et de sainteté s'est répandue dans le monde entier.

A la vue de ce titre, peut-être sera-t-on tenté de s'écrier : «A quoi bon une nouvelle histoire de B. Labre ?
« Les presses d'Arras et de Lille n'ont-elles pas suffi
« pour satisfaire à la juste impatience du public, de
« connaître cette vie récemment couronnée de l'au-
« réole des bienheureux ? »

Personne n'apprécie plus que nous, les ouvrages publiés par le R. Père Desnoyers, par M. le Chanoine Robitaille et par un vénérable anonyme.

L'un a développé avec une chaleur et un talent rares, le tableau de la vie héroïque de Benoît-Joseph Labre, et en a tiré le sujet des plus pieuses et des plus touchantes méditations.

Les autres ont présenté, sous une forme plus abrégée, les traits principaux de cette vie de mortification et de sacrifice, au point de vue spécial de faire mieux comprendre au public distrait, comme au chrétien sérieux, par quelle voie laborieuse, ce disciple du Christ était parvenu, lui aussi, à la gloire. Il nous a semblé que l'impression de cette gloire, chèrement, tardivement, mais solennellement acquise, dominait trop exclusivement peut-être dans les ouvrages auxquels nous faisons allusion.

Tout en reconnaissant notre impuissance à louer dignement ce héros de la pénitence, le désir d'offrir aussi un tribut d'hommages à notre illustre compatriote nous a poussé à entreprendre ce petit travail, dans le double but de rendre la dévotion au Bienheureux Benoît-Joseph Labre plus populaire encore, et de présenter un recueil de ses paroles et de ses actions les plus remarquables.

On ne doit donc pas chercher ici une biographie suivie, un tableau complet de sa vie ; le cadre étroit dans lequel nous nous sommes renfermé, pour être à la portée de tous, ne l'aurait pas permis, et d'ailleurs nous voulions uniquement exposer en détail les principaux traits qui caractérisent le mieux l'esprit de sainteté et de perfection dont le Bienheureux Benoît-Joseph sut vivifier toutes ses actions.

Nous nous étions senti porté à remonter au point de départ, à suivre les premiers pas, à nous attacher aux détails relatifs à la première enfance, aux premières luttes de ce rude combattant contre la chair et le monde ; nous avions à cet effet recherché de préférence les documents émanés de sa propre famille, les publications les plus rapprochées de l'époque de sa mort. C'était là que nous trouvions la naïve reproduction d'impressions *actuelles* et, en quelque sorte, encore vivantes ; quelle garantie de véracité d'ailleurs pour les faits quand les témoins cités nommément pouvaient êtres interrogés !

Ce double caractère de naïveté, de vérité, nous a séduit et nous avons présumé que ce qui nous avait touché présenterait aussi quelque attrait à nos frères dans la foi.

Nous n'avons pas cru pouvoir mieux faire que de reproduire en grande partie, dans ce travail, la vie du Bienheureux, écrite deux ans après sa mort, par M. l'abbé Marconi, confesseur de Benoît Labre, à Rome. Nous avons seulement modifié un peu l'ordre de narration et retranché certaines parties intéressantes d'ailleurs, mais qui n'auraient pas été comprises ou appréciées par tous les lecteurs ; nous avons ajouté aussi quelques traits tirés de plusieurs opuscules de la fin du dernier siécle.

Ce petit ouvrage est, de notre part, sans doute, un hommage de vénération pour le Bienheureux, mais notre double but ne serait pas atteint, si nos lecteurs, en fermant ce livre, ne ressentaient pas un redoublement de reconnaissance pour le Seigneur qui suscite de tels modèles pour nous guider dans l'exercice de la pénitence ; de tels protecteurs pour nous obtenir la grâce du salut.

RECUEIL

DES

TRAITS LES PLUS ÉDIFIANTS

DE LA VIE DU BIENHEUREUX

BENOIT-JOSEPH LABRE

CHAPITRE Ier.

Naissance et premières années du bienheureux Benoît-Joseph Labre.

De tout temps, la France fut célèbre par les saints qu'elle a produits : de nos jours encore, elle se glorifie d'avoir donné naissance à un homme qui, vil, méprisable, abject aux yeux du monde et bien qu'enlevé à la fleur de l'âge, attira tout à coup l'attention de l'Europe et de l'univers entier. Ce qui excite l'étonnement, ce ne sont pas seulement les nombreux prodiges accordés à son intercession ; mais c'est encore et surtout le genre de vie qu'il a adopté et dont on ne peut entendre parler, sans que le cœur ne se sente vivement ému ou tendrement affecté. Cet homme si héroïque par ses vertus est Benoît-Joseph Labre, dont j'entreprends de raconter brièvement l'histoire. Cette vie admirable montrera claire - ment combien Monseigneur de Partz de Pressy (1), alors évêque de Boulogne, avait raison de regarder comme un bonheur pour son diocèse d'avoir donné naissance à notre illustre pénitent.

(1) Lettre pastorale du 3 juin 1783.

Benoît naquit le 26 mars 1748, dans la paroisse de Saint-Sulpice d'Amettes, village de ce diocèse, sous le pontificat de Benoît XIV et le règne de Louis XV. Les pieux époux auxquels Dieu accorda la faveur de donner le jour à cet enfant de bénédiction, furent Jean-Baptiste Labre et Anne-Barbe Grandsire. C'était une honnête famille, estimée de tous, et, depuis longtemps déjà, résidant à Amettes. Ils joignaient à la culture des champs l'honorable profession du commerce, ce qui leur permettait de vivre dans une certaine aisance. De leur heureuse union sortirent quinze enfants de différent sexe, dont l'aîné fut Benoît-Joseph, devenu la gloire et l'honneur de notre France si chrétienne.

Dieu, qui avait sur cet enfant des vues particulières, commença par lui donner un second père selon l'esprit, qui devait le former de bonne heure à la vertu : François-Joseph Labre, son oncle, très-digne ecclésiastique, devenu plus tard curé d'Erin, était alors vicaire d'Ames ; du consentement du curé d'Amettes, l'oncle baptisa son neveu et en fut aussi le parrain. Benoît reçut le saint baptême, le 27 mars, lendemain du jour de sa naissance ; sa marraine fut Anne-Théodore Hazembergue.

Remplis de l'esprit de la véritable piété, ses parents donnèrent tous leurs soins à le bien élever et dirigèrent ses premiers pas dans la route qui devait le conduire à un si haut degré de vertu. Il conserva toute sa vie une vive reconnaissance pour la bonne éducation qu'il avait reçue de ses parents ; on trouve l'expression de ce sentiment dans une lettre datée de Montreuil et dans laquelle il les prie de donner à ses frères et sœurs les mêmes soins qu'ils lui avaient prodigués et de les former, eux aussi, à la vertu. « ... Car c'est le « moyen de les rendre heureux dans le ciel ; sans instruc-« tion, on ne peut pas se sauver... Je vous ai beaucoup « coûté, mais soyez assurés, que, moyennant la grâce de « Dieu, je profiterai de tout ce que vous aurez fait pour

« moi. » Un trait de son enfance montrera combien ses parents avaient réussi à lui inspirer la plus vive horreur pour le moindre péché. Le vicaire de la paroisse le rencontre un jour, tenant entre les mains un scarabée qu'il avait trouvé dans une grange ; et par plaisanterie il l'appelle un *petit voleur*. Mais l'enfant prenant la chose au sérieux jette aussitôt l'insecte et se met à pleurer à chaudes larmes.

Benoît-Joseph était doué d'un esprit pénétrant, d'un jugement solide, et d'une heureuse mémoire ; son naturel, quoique vif, n'avait pourtant rien que de doux et d'aimable.

Encore enfant, et à cette époque intéressante de la vie où la raison fait apercevoir ses premières lueurs, tout respirait en lui une tendre et affectueuse dévotion ; on le voyait fréquemment à genoux levant ses mains innocentes et ses yeux purs vers le Père des lumières pour en implorer l'assistance et en solliciter les faveurs. Sa mère a attesté que, dès ses premières années, il ressentait une grande joie, quand on le conduisait à l'église, et que jamais il ne s'était plaint d'avoir éprouvé quelque ennui, malgré la longueur des offices. Il s'était fait dans sa chambre un petit oratoire, et il aimait à se retirer dans cette espèce de solitude pour rendre à Dieu ses hommages ; là il disait la messe à sa manière, en se faisant servir par le plus grand de ses frères ; il imitait aussi les processions et les autres cérémonies de l'Eglise, et cela avec une gravité et une dévotion singulières.

On ne peut exprimer la joie qu'il ressentit, lorsque le vicaire lui proposa d'être enfant de chœur ; il apprit les prières et les cérémonies de la messe avec le plus grand soin, et il s'acquittait de ce ministère avec tant de piété que tout le monde en était véritablement édifié. Du reste, sa famille atteste qu'il eut toujours pour cet exercice un très-grand zèle ; il se tenait tout le temps à genoux, les bras croisés sur la poitrine, le corps immobile, à moins qu'il n'eût quelques fonctions à remplir, et dans ce cas, il s'en acquittait avec beaucoup de dextérité et de recueillement.

La prière faisait ses délices ; il était exact à tous les offices de l'Église et n'y manquait jamais ; il assistait aussi avec grande attention au catéchisme ; et ses réponses, aussi bien que les réflexions qu'il faisait quelquefois, de lui-même, spontanément, montraient combien il savait en profiter, et comme il comprenait les vérités les plus hautes de notre sainte Religion. Ses parents ayant perdu une petite fille peu de jours après son baptême, Benoît contemple quelque temps ce petit corps inanimé, et on l'entend s'écrier : « Ah ! chère « sœur, que ton sort est digne d'envie ; hélas ! je ne puis « être aussi heureux que toi. »

A la maison paternelle, aucun de ses devoirs ne semblait lui coûter ; il ne montrait pas moins de respect, de docilité et de prévenance pour ses parents, que de bonté et de complaisance pour ses frères et sœurs, auxquels il cherchait à faire plaisir dans toutes les circonstances, souffrant leurs petits défauts et usant de tous les moyens pour les porter à la vertu. Toujours affable, gai, souriant, il était aimé de tous ceux qui le connaissaient.

Il avait un secret penchant pour la solitude et le recueillement ; jamais on ne découvrit dans ses actions aucun indice des faiblesses ou des goûts de l'enfance ; rien n'était plus composé que son maintien ; par une sagesse prématurée, il montrait beaucoup d'éloignement pour les jeux et les amusements ; on le vit souvent préférer aux compagnons de son âge la société et la conversation de personnes plus âgées et plus sérieuses. Et nous pouvons dire de lui ce que saint Bernard a écrit de saint Malachie : « Enfant, il « n'avait rien de l'enfance ; ses mœurs étaient celles d'un « vieillard ; doux et soumis sans réserve, sans impatience « contre l'autorité, sans éloignement pour la discipline, « sans dégoût pour l'instruction, sans amour pour le jeu. »

Il n'avait pas plus de cinq ans que déjà il montrait un vif désir et une ardeur extraordinaire à cet âge pour aller à l'école, sans autre but que de pouvoir lire de ses propres yeux et écrire de sa propre main les premiers éléments de notre sainte Religion, tant il se sentait d'amour pour elle. Sa joie fut grande, lorsqu'il put lire seul l'oraison dominicale, la salutation angélique et d'autres prières de ce genre. Ses parents le confièrent d'abord à un digne prêtre, M. d'Hanotel, vicaire d'Amettes, et depuis curé de Boyaval. Frappé des rares dispositions de Benoît, le pieux vicaire conçut l'idée la plus favorable de son jeune élève ; ce qu'il voyait en lui, lui paraissait un présage certain de ce qu'il serait dans la suite. Sa vertu, déjà éclairée et solide, paraissait encore plus remarquable, lorsqu'on venait à le comparer à la plupart des autres enfants qui, bien moins guidés par la raison qu'entraînés par les objets sensibles, donnent tant d'exercice à la patience des personnes chargées de leur éducation : « Je l'ai toujours connu, dit M. d'Hanotel dans une de ses « lettres, d'une bonté admirable, d'une humeur toujours « égale, d'une exactitude exemplaire à s'acquitter de tous « ses devoirs, et doué de toutes les bonnes qualités qui me « l'ont rendu si cher et si recommandable à mon souvenir « que, depuis 28 ans environ que je l'ai quitté, je n'ai ja- « mais laissé échapper l'occasion de m'en informer, tant j'en « attendais quelque chose de grand et de bon. »

A sept ans et demi, Benoît fut remis entre les mains de Barthélemy de la Rue pour continuer ses études et apprendre l'arithmétique. Le nouveau maître reconnut bientôt aussi les qualités et les vertus qui brillaient en lui, sa piété, sa docilité, sa douceur, sa modestie. Mais ce qui le touchait davantage et ce qu'on ne rencontre que bien rarement dans les enfants, c'est que, loin de craindre son maître, il témoignait toujours beaucoup de plaisir à se trouver avec lui, effet d'une conscience pure qui n'avait rien à se reprocher. Aussi com-

1.

plète-t il son témoignage, en disant qu'il était si content de Benoît-Joseph Labre qu'il ne croit pas lui avoir jamais rien dit qui pût l'attrister. Bien loin de là, il le prenait souvent sur ses genoux, ou le retenait près de lui par affection ; mais si c'était pendant la classe, Benoît, qui avait toujours un grand zèle pour l'étude, demandait à retourner à sa place pour apprendre sa leçon ; et si le maître lui disait : « Je ne vous punirai pas, puisque c'est moi qui vous retiens, » il répondait d'un air peiné : « Non, sans doute, mais encore je ne la saurai pas. » Toute sa conduite attestait sa vigilance à bien employer son temps. Tous les moments dont il pouvait disposer, il les passait dans sa chambre, soit à prier, soit à lire quelque livre de piété ; son maître ayant remarqué qu'il sortait toujours le dernier de l'école, lui en demanda la raison ; Benoît lui répondit que c'était pour arriver plus vite chez lui ; et, en effet, le maître l'ayant quelquefois suivi des yeux, le vit, évitant les groupes de ses camarades, se glisser le long des murs de l'école et courir pour rentrer en sa maison, pendant que les autres se livraient à de bruyants ébats. Malgré son amour de la solitude, lorsqu'il croyait de son devoir de prendre part aux divertissements, notre Bienheureux savait très-bien y apporter de la gaîté, et même il mettait souvent de l'entrain dans la partie. Ainsi Benoît-Joseph passait-il les jours de son enfance dans la simplicité, la candeur, la pureté de conscience ; il approchait de sa douzième année, époque de son entrée dans l'adolescence, si souvent funeste, où la tyrannie de l'imagination et des sens fait ordinairement échouer la vertu, où trop souvent le cœur se pervertit, et l'âme qui jusqu'alors n'avait pas connu le mal, se laisse entraîner dans le péché. Mais Benoît fut préservé d'un si grand malheur. Comme un autre Tobie, il prit dès sa plus tendre enfance, la loi de Dieu pour règle de sa conduite, et c'est ainsi qu'il mérita l'éloge de n'avoir jamais négligé le moindre de ses devoirs.

CHAPITRE II.

Le Bienheureux Benoît chez son oncle, à Erin.
— Sa première Communion.

Benoît-Joseph Labre allait parvenir à sa douzième année ;
il avait su conserver sa première innocence ; à mesure même
qu'il croissait en âge, il croissait également en sagesse devant
Dieu et devant les hommes ; il était le guide et le modèle de
ses frères ; sa vie était, en quelque sorte, un livre toujours
ouvert où ils voyaient comment ils devaient se conduire eux-
mêmes. Écoutons, du reste, la déposition de ses parents ; en
parlant de leur fils, ils ne tiennent pas le langage affecté de
la flatterie, leur attestation simple et naïve montre bien qu'ils
ne font que rendre hommage à la vérité. Admirons avec eux
cet enfant de bénédiction (1) « qui leur donna constamment
« et aussi longtemps qu'il fut sous leur conduite, des preuves
« de la piété la plus sincère, en assistant à tous les offices
« et les instructions avec une attention et une modestie vrai-
« ment édifiante ; de sagesse et de prudence, ne proférant
« jamais rien de malséant ou de déplacé ; d'obéissance, fai-
« sant toujours promptement et gaîment tout ce qu'on lui
« commandait ; de charité et de complaisance, se conduisant
« si bien envers ses père et mère, ses frères et sœurs, qu'il
« n'occasionnait jamais aucun trouble parmi eux ; enfin,
« d'une patience merveilleuse à supporter et à souffrir les
« défauts et les imperfections des autres, montrant toujours
« un air gai et tranquille, quelque chose qu'on lui fît, jus-

(1) Déposition des parents devant les curé et vicaire d'Amettes,
le 5 juin 1783.

« qu'à déconcerter ceux qui lui disaient ou lui faisaient du
« mal. »

Ce trait montre clairement par quelle voie le Seigneur
voulait conduire Benoît à la sainteté : loin de fuir et d'avoir
en horreur les mépris, les mauvais traitements, les ou-
trages, il les aimait, il les recherchait. La croix fit bientôt ses délices, il la désirait ardemment. Tant de vertu et
de si belles qualités transportaient ses parents de joie et
leur *rendaient cet enfant des plus inestimables et des
plus chers, comme il l'était à tous ceux qui le connaissaient* (1). Malgré cet amour ardent qu'ils avaient pour lui,
témoins de ces rares dispositions et en concevant les espé-
rances les plus flatteuses, ils firent sans hésiter le sacrifice de
ne plus l'avoir sous leurs yeux et de le confier à d'autres
mains. Cette plante précieuse, en effet, pour se mieux développer, avait alors besoin d'une autre culture que celle qu'on
pouvait lui donner dans la maison paternelle.

Benoît touchait à sa douzième année, avons-nous dit,
lorsqu'il fut envoyé chez son oncle François-Joseph Labre,
alors curé d'Erin, pour y recevoir une instruction plus éten-
due, en commençant par les éléments de la langue latine.
M. le curé d'Érin était un pasteur plein de zèle et d'une charité vraiment apostolique, qui le porta même à sacrifier
généreusement sa vie pour ses ouailles, comme nous le
verrons plus loin.

Il reçut avec joie son neveu, et sa tendresse pour lui
s'augmenta à mesure qu'il vit se développer les bonnes qualités de son jeune élève. Toutefois, il s'aperçut bientôt que
Benoît ne savait s'appliquer sérieusement qu'aux choses du
ciel. Charmé de sa conduite édifiante et de ses mœurs angéliques, il lui annonça qu'il fallait se disposer à sa première communion. A cette nouvelle, notre Bienheureux

(1) Déposition de plusieurs témoins.

ressentit une joie, un bonheur, qui s'imagine plus facilement qu'on ne pourrait l'exprimer. Par ses longues méditations et ses ferventes prières, il s'avançait tous les jours dans
la connaissance et l'amour de Dieu; il n'en sentit que plus
vivement la grandeur du bienfait qui allait lui être accordé,
et il mit tout en œuvre pour se bien préparer à le recevoir;
il retrancha encore sur son temps de récréation, il redoubla de ferveur dans la prière; il se livra plus encore aux
lectures de piété et à son penchant si décidé pour la mortification; enfin, il commença à passer des heures entières
au pied du Saint-Sacrement, pour supplier son Bien-Aimé
d'élever de plus en plus ses pensées vers lui, et de le rendre digne de le recevoir. Voilà comment Benoît-Joseph se
préparait à sa première communion.

Il voulut enfin s'y disposer par une confession générale,
et purifier son cœur des fautes même les plus légères avant
qu'il devînt la demeure du Sauveur des hommes.

La méthode qu'il s'était prescrite pour approcher du tribunal de la pénitence est trop édifiante pour que nous n'en
donnions pas ici un aperçu sommaire.

Persuadé que, sans la grâce de Dieu, nous ne pouvons
ni reconnaître nos péchés, ni en obtenir le pardon, il demandait au Seigneur la grâce et les lumières qui lui feraient
découvrir ses fautes et lui dévoileraient l'état de son âme.
Après cette invocation préliminaire, il suivait par ordre les
commandements de Dieu et de l'Église, et les vertus que
nous devons pratiquer; il se rappelait avec soin tout ce
qu'il avait à se reprocher depuis sa dernière confession, en
repassant dans sa mémoire les diverses actions auxquelles il
avait employé chaque jour; après l'examen de conscience,
il demandait à Dieu la grâce de la contrition, et pour s'y
exciter, il se mettait devant les yeux les motifs les plus
capables de faire impression sur un cœur chrétien : les châ-
timents de l'enfer mérités par le péché, le bonheur du ciel

perdu par l'ingratitude de l'homme envers Dieu son Créateur et son Sauveur ; il aimait surtout à s'arrêter sur la bonté, sur la miséricorde de Dieu envers nous, malgré nos offenses continuelles. Enfin, il implorait le pardon des fautes qui lui étaient échappées et prenait une résolution ferme et précise de mieux le servir à l'avenir.

Au tribunal de la pénitence, il déclarait ses fautes avec ordre et précision, avec humilité et simplicité. Il entrait dans les détails nécessaires, ne passant sous silence, ni ses tentations, ni les grâces que le Seigneur lui avait faites, de sorte que le confesseur n'avait aucune peine à lire dans le fond de son âme. Benoît déférait sincèrement à ses avis ; il se soumettait à son jugement avec un profond respect, et écoutait ses paroles comme des oracles venus du ciel. Au moment de recevoir l'absolution, il s'inclinait profondément, s'excitait dans un religieux silence à la contrition, puis relevait modestement la tête comme pour donner à entendre au confesseur qu'il se croyait disposé à recevoir le divin pardon.

Benoît pensait, et telle était aussi l'opinion de sainte Thérèse, que les mauvaises confessions sont une des causes qui précipitent le plus de chrétiens dans l'enfer. Ce point avait tellement frappé son imagination, qu'il s'était figuré trois sortes de pénitents : les parfaits, les imparfaits, les négligents et hypocrites ; il en avait formé trois processions qui arrivaient à des termes bien différents.

Il voyait dans la première un petit nombre de personnes toutes vêtues de blanc ; c'étaient les pénitents parfaits qui avaient rempli toutes les conditions nécessaires pour faire une bonne confession, qui n'avaient négligé aucun moyen pour satisfaire à la justice divine, et qui, peu contents de leurs œuvres de pénitence et de mortification, avaient eu grand soin, pour y suppléer, de multiplier les bonnes œuvres et de gagner des indulgences. Ces saints pénitents, ornés de leurs robes blanches, entraient, immédiatement après leur mort, dans la gloire des bienheureux.

Ceux qui formaient la seconde procession, quoique plus nombreux que les précédents, étaient néanmoins encore en petit nombre ; ils portaient des habits rouges ; aux dispositions requises pour assurer la validité du Sacrement, ils n'avaient pas joint la pratique exacte des œuvres d'expiation et le soin de les remplacer, en puisant dans les trésors que l'Église met entre nos mains avec une générosité et une sollicitude si maternelles. Ils allaient en purgatoire pour satisfaire pleinement à la justice divine.

La troisième procession, extrêmement nombreuse, inspirait la terreur et l'effroi. L'habit noir de ces malheureux indiquait le triste état de leur âme ; on comptait parmi eux tous ces indignes chrétiens, qui, par la négligence dans l'examen de leur conscience, par le défaut d'une vraie douleur, d'une sincère contrition ou d'un ferme propos, par une fausse honte à avouer leurs péchés, avaient reçu le sacrement de Pénitence dans de criminelles dispositions. Incorrigibles et sacrilèges, ils se précipitaient en foule dans les gouffres de l'enfer.

Cette âme innocente dont l'horreur pour le péché fut toujours extrême, faisait, par ces pieuses considérations, de nouveaux efforts pour s'en tenir encore plus éloignée, et se conserver dans une extrême pureté de conscience.

Cependant le beau jour de la première communion approchait ; notre Bienheureux s'y était préparé par la piété, la mortification, la ferveur ; aussi mérita-t-il de ressentir cette joie, ce bonheur, ces transports qui sont le partage de ceux qui participent dignement au banquet sacré. Depuis plusieurs jours, Benoît ne pensait plus qu'au divin Agneau ; absorbé dans la prière et la méditation, il ne laissait échapper que des élans d'amour, et quand vint le jour tant désiré de sa première communion, il n'était plus sur la terre, il ne voyait que Jésus, il était tout en lui, il ressentait la félicité des habitants du ciel.

Saint Thomas dit que notre Rédempteur en se donnant à nous, nous rend participants de sa nature, et à raison du degré de sainteté de nos dispositions, nous transforme pour ainsi dire en dieux ; c'est-à-dire que ses vertus deviennent alors les nôtres, et que par lui nous portons des fruits de sainteté, tels qu'il les produit lui-même. Cette merveille s'opéra visiblement dans Benoît-Joseph Labre ; il présenta dès lors par la beauté de ses mœurs et la pureté de son âme, une image vivante de notre divin Sauveur, et il put dire avec l'apôtre : « Je vis ; non, ce n'est plus moi « qui vis, c'est Jésus-Christ qui vit en moi. » Il ne goûtait plus d'autre plaisir que celui de converser avec Dieu, seul à seul, dans les lieux les plus solitaires, et de l'adorer dans le Sacrement de son amour.

Le jour même où Benoît faisait sa première communion, le 5 septembre 1761, il reçut la confirmation des mains de Monseigneur l'évêque de Boulogne qui venait la donner à Érin. Je ne puis dire les élans d'amour et de reconnaissance que toutes ces grâces excitaient dans son cœur. Heureux les enfants qui, à son exemple, se préparent dignement à leur première communion, ce grand jour sera le plus heureux de leur vie ; ils n'en perdront jamais le souvenir ; ce souvenir les soutiendra, les animera au milieu des peines et des combats, et s'ils ont le malheur d'oublier momentanément les bienfaits et la loi de Dieu, il les ramènera à lui, en leur rappelant le bonheur si vrai et si pur qu'ils ont goûté au pied du tabernacle, et auprès du sacré Cœur de Jésus.

CHAPITRE III.

Conduite admirable du bienheureux Benoît Labre à Érin. —
Son dévouement pendant la peste.

Après sa première communion, le bienheureux Benoit Labre redoubla de ferveur dans l'accomplissement de ses devoirs. On avait d'abord éprouvé quelque étonnement de le voir approcher du sacrement de l'Eucharistie beaucoup plus souvent que n'étaient en usage de le faire les personnes les plus pieuses de la paroisse ; mais ses mœurs angéliques, son humble docilité, sa rare modestie, son profond recueillement le faisaient déjà regarder comme un saint et lui attiraient avant l'âge le respect public.

Il se levait toujours de grand matin, pour se ménager le temps de réciter exactement ses prières et d'y ajouter une lecture de piété, avant l'heure du travail. Au premier son de la cloche annonçant la messe, il se rendait aussitôt à l'église, afin d'avoir le bonheur de servir à l'autel ; et si parfois il était devancé par quelqu'autre, bien que contrarié, il se gardait de faire paraître aucun mécontentement, il se plaçait près du sanctuaire, et là assistait au saint sacrifice, avec un recueillement et une posture si respectueuse qu'il édifiait ceux qui en étaient les témoins.

Malgré sa préférence marquée pour les lectures pieuses, il employait scrupuleusement à l'étude le temps qui devait y être consacré, et le faisait toujours avec beaucoup d'application et de bonne volonté, comme plusieurs de ses maîtres l'ont attesté. Mais ce qui lui restait de temps libre hors celui qui était destiné à l'étude ou à d'autres occupations prescrites par son oncle, il le partageait entre la prière et la lecture de livres de piété. On le voyait en outre dans le cours de la journée, se rendre à l'église où l'attirait son aimable Jésus, et rester absorbé dans la contemplation devant l'objet de son amour.

Aux repas, il se faisait remarquer par sa sobriété, se contentant de ce qui lui était absolument nécessaire pour se soutenir, et réservant le reste pour les pauvres ; on le vit même se priver d'un repas et en faire profiter quelque nécessiteux, qu'il en gratifiait secrètement, conservant ainsi tout le mérite de sa bonne action. Il observait déjà les jeûnes de l'Église, autant qu'on le lui permettait; et à Pâques, il avait coutume de dire : « Voilà le carême heureusement terminé pour ceux qui ont jeûné, mais malheureusement terminé pour ceux qui ont transgressé les lois de l'Église. » Son oncle a assuré que son neveu Benoît aurait foulé aux pieds les fruits les plus appétissants plutôt que de se permettre de toucher à aucun. Du reste, comme nous l'avons déjà fait remarquer, depuis qu'il avait goûté la manne céleste, la nourriture corporelle lui paraissait insipide et il n'en usait que par nécessité. Ce qu'on lui présentait lui suffisait toujours, et, aussitôt le repas terminé, il se levait de table, pour se livrer à d'autres occupations. Un de ses compagnons lui offrit un jour quelques pommes enlevées d'un jardin. Benoît ne voulut point, en acceptant, se faire le complice d'un vol ; un autre camarade, passant devant le presbystère, frappe à la fenêtre de Benoît et lui donne des cerises. Notre Bienheureux les refuse d'abord ; pressé de les accepter, il se rend au désir de son camarade ; mais après un instant de réflexion, dans la crainte qu'elles n'eussent été volées, et aussi sans doute par mortification, il les suspend par un fil et les laisse ainsi dessécher.

Une petite fille de sept ans vint un jour le trouver dans le jardin, pendant qu'il était occupé à cueillir des fraises pour son oncle, et lui en demanda quelques-unes. Benoît lui répondit qu'il lui en donnerait si elle avait la permission de M. le curé ; mais celui-ci n'ayant pas jugé à propos d'acquiescer à son désir, la petite fille revint à la charge en lui disant : « Je ne vous en demande que deux ou trois ; c'est « bien peu de chose, et puis votre oncle ne le saura pas. »

— « Ce n'est pas une petite faute, repartit aussitôt Benoît, « d'offenser la souveraine majesté de Dieu ; et puis celui qui « commence par les petites choses, tombera bientôt dans les « grandes. »

Son amour pour la pénitence augmentait de jour en jour ; il refusait à son corps le bien-être qui n'était pas strictement nécessaire pour conserver sa santé ; il priait toujours à genoux, ne s'approchait jamais du feu en hiver, couchait souvent sur une simple planche ou sur la terre nue, n'ayant qu'un morceau de bois pour oreiller. Il était encore à Amettes, lorsque sa mère, effrayée de ses mortifications, l'engagea à se modérer, en lui disant qu'il n'avait pas un tempérament comme les anciens ermites. Benoît répondit aussitôt : « Le « bon Dieu n'a pas mis en mon pouvoir d'aller vivre dans « le désert ; mais s'il le veut, il m'en donnera certainement « le courage. » On le surprit encore plusieurs fois, couchant sur la dure, ou passant une partie de la nuit en prières ; lorsqu'il n'usait point de son lit, il avait soin de le remuer, afin qu'on ne s'en aperçût pas.

Envoyé par le curé d'Erin, à l'école de la paroisse pour se perfectionner dans la langue française, Benoît s'y distingua bientôt parmi ses compagnons d'étude par une conduite et une raison au-dessus de son âge. Sa ferveur, sa gravité douce et aimable, s'alliant à un air gai et ouvert, sa modestie, sa prudence, lui gagnèrent l'estime et l'affection de tous. Lorsque son maître était obligé de s'absenter, il se déchargeait sur Benoît de la surveillance. Ce choix était agréable à ses camarades eux-mêmes, qui se sentaient pour

lui une sorte de respect, et qui admiraient la fermeté pleine de douceur avec laquelle il se faisait obéir. On lira avec plaisir le témoignage que lui ont rendu après sa mort trois (1) de ses camarades de classe. « Nous lui avons tou-
« jours vu tenir une conduite très-sage et exemplaire ; il
« nous réprimandait très-fort, quand il nous voyait dire ou
« faire quelque chose de contraire à la bienséance ou aux
« commandements de Dieu ; il était fort pieux, modeste et
« dévot à l'église ; il assistait à tous les offices, exactement,
« sans jamais se remuer ; il était toujours appliqué à la lec-
« ture des livres de piété dans la posture la plus décente ;
« il aimait à s'occuper dans sa chambre ; au lieu de manger
« le pain qu'on lui donnait, il en faisait l'aumône aux
« pauvres par sa fenêtre ; quand il allait en promenade avec
« M. le curé, il portait avec lui un livre de piété et le lisait
« en allant. En un mot, pendant tout le temps qu'il a résidé
« dans la paroisse d'Erin, on ne lui a jamais rien vu faire
« ni dire de déplacé ou contraire aux bonnes mœurs. »

Il était bon, affable envers ses camarades, et toujours disposé à leur rendre service. Si l'un d'entre eux, par malice ou par légèreté, lui avait causé quelque peine, il souffrait en silence, sans se plaindre, et si le maître le remarquait, il disait tranquillement que c'était sans doute une inadvertance, cherchant ainsi à excuser le coupable.

Cette patience ne se démentait jamais ; M. le curé l'ayant vu un jour à l'église se tromper par mégarde dans une cérémonie, lui mit entre les mains un gros chapelet et lui dit de le réciter, comme punition. Benoît sans un mot de réplique se met à genoux et le récite avec son recueillement ordinaire. Une autre fois, son maître voulant éprouver cette même patience lui imputait une faute qu'il n'avait pas commise : « Benoît, dit-il, vous avez commis cette faute. » —

(1) Joseph Bressel, Jacques Legay et Louis Thuillier qui ont passé leur jeunesse avec notre Bienheureux.

« Non, monsieur, je ne l'ai point fait. » — « Vous êtes dou-
« blement coupable, en ajoutant le mensonge à la faute. »
— « Demandez à mon voisin, reprend tranquillement Be-
« noît. »—« Vous êtes d'accord ensemble pour me tromper ;
« vous méritez d'être puni, allez prendre le martinet. »
Sans hésiter un seul instant, Benoît va le chercher. Le maître
alors faisant semblant de s'adoucir : — « Vous avez cepen-
« dant l'air franc, est-il vrai que vous n'ayez pas menti et
« que vous n'ayez pas commis cette faute ? » — « Je ne
« l'ai pas fait, répond simplement Benoît. » — « Alors je
« ne puis pas vous punir, si vous ne l'avez pas mérité. » Ce
dernier trait montre quelles profondes racines la vertu avait
jetées dans le cœur de notre Bienheureux. Son caractère réfléchi ne l'empêchait pas d'être gai et jovial dans les récréations ; il était le premier à mettre de l'entrain au jeu, mais
en trouvant le moyen d'y donner encore des exemples de
vertu.

C'est l'usage dans nos campagnes de se réunir le dimanche
après l'office sur la place du village, et là de se livrer à des
jeux innocents ; Benoît venait ordinairement en prendre sa
part, comme son oncle le lui avait commandé ; mais souvent,
au lieu de jouer, il s'écartait de la troupe dissipée et volage,
pour s'entretenir avec des personnes plus âgées de choses
utiles ; ou bien il réunissait autour de lui plusieurs jeunes
gens et leur faisait quelque lecture édifiante ou instructive.
Dans ce pays, le prix de la partie est souvent un verre de
bière au profit du gagnant ; mais, soit qu'il gagnât, soit qu'il
perdît, Benoît ne consentit jamais à boire, disant qu'il avait
pris l'habitude de ne rien boire hors des repas.

Dans les conversations, disait-on quelque chose de contraire à la charité, ou à une autre vertu, il se retirait aussitôt, s'il le pouvait ; s'il ne le pouvait pas, il témoignait
par sa réserve et son air de tristesse qu'il n'approuvait pas
de tels discours. Malgré la bonne volonté dont il cherchait

à faire preuve au milieu des récréations, il préférait évidemment le silence et le recueillement ; après avoir donné à ces divertissements le temps qui lui paraissait convenable, il se retirait pour se livrer à la prière et à la méditation. Un jour de *ducasse*, M. le curé, après l'avoir cherché en vain parmi les jeunes gens, dit à ceux qui l'entouraient : « Je parie que mon neveu est dans quelque coin à prier. » On se mit alors par curiosité à sa recherche et on le découvrit enfermé dans une grange, à genoux devant un crucifix qu'il portait toujours sur lui et qu'il avait attaché à la muraille. Il était si absorbé dans la prière, qu'il n'entendit même pas celui qui avait ouvert la porte.

Ce serait ici le lieu de parler de ses premières démarches pour obtenir la permission d'entrer à la Trappe ; mais nous remettons ce sujet au chapitre suivant ; nous avons voulu donner dès à présent un tableau d'ensemble, des vertus qui se faisaient le plus remarquer dans notre Bienheureux ; sa piété, sa mortification, sa patience, sa charité. Cette dernière vertu était si notoire que les pauvres, lorsqu'ils le rencontraient au presbytère, disaient en sortant : « M. Benoît y était aujourd'hui, nous avons reçu d'abondantes aumônes. » Si, au contraire, il était absent, ils disaient tristement : « Il n'y avait rien à faire au presbytère, nous n'avons trouvé ni l'oncle, ni le neveu. » Un jour trois pauvres étrangers se présentent en demandant l'aumône ; les domestiques les refusent durement ; mais Benoît l'a entendu, il les rappelle tout ému : « Venez, je vous ferai la charité ; » et lorsqu'ils furent partis, il recommanda aux domestiques de ne plus agir ainsi une autre fois, car telle n'était pas l'intention de M. le curé.

Le moment approchait où il allait avoir l'occasion d'exercer cette vertu jusqu'à l'héroïsme ; en 1766, une maladie terrible se déclara tout à coup à Erin ; une cruelle épidémie porta le ravage dans la paroisse, les maisons étaient pleines de malades, et leur nombre s'accroissait chaque jour. Ces infortunés n'avaient plus devant les yeux que les horreurs de la mort ; point de secours pour les soulager ; et en tout cas personne pour les leur administrer, par crainte de la contagion. Dans cette position désespérée, on vit le pasteur et son neveu lutter de zèle et de dévouement pour les malheureux ; animés tous les deux du même esprit, visiter, consoler, soulager les malades ; multiplier leurs soins à mesure que le mal lui-même s'étendait, n'écouter ni répugnance, ni dégoût ; donner à tous et partout des marques de leur charité et s'oublier eux-mêmes pour ne penser qu'aux autres. Excédés de fatigues, épuisés de force à la fin du jour, ils retrempaient leur courage au pied du crucifix, puis renouvelaient leurs veilles, et continuaient le jour et la nuit leur périlleux ministère. Ils auraient dû succomber, mais la charité est un feu qui se nourrit par l'action ; plus elle fait de bien, plus, ce semble, elle se trouve en état d'en faire ; le mal empirait, ils redoublaient leurs soins. Mille fois ils affrontèrent la mort avec autant de courage que de tranquillité ; ils savaient qu'exposer leur vie, c'était marcher sur les traces, suivre les exemples du divin Pasteur donnant sa vie pour ses brebis.

Le zèle et l'humilité de Benoît le firent descendre jusqu'aux plus viles fonctions, s'il peut y en avoir de viles pour celui qui sait les ennoblir par les motifs de la Religion. Après avoir traité les malades, il prenait soin de leurs bestiaux ; ne reculant point devant des travaux auxquels son éducation l'avait rendu étranger, il se mit à nettoyer les étables de ceux qui ne pouvaient plus le faire ; il se rendait même dans les pâtures et dans les champs pour en revenir, les épaules chargées d'herbes et de fourrages pour les bestiaux, que leurs maîtres malades ne pouvaient plus soigner ni nourrir.

Sous le poids de tant d'œuvres, le digne pasteur se trouve lui-même hors d'état de résister davantage ; il languit ; il tombe à son tour gravement malade; Benoît lui prodigue ses soins avec un dévouement filial; mais c'est en vain; martyre de la charité, ce bon prêtre reçoit sa récompense. Après avoir employé tous ses revenus au soulagement de ses ouailles, il avait mis le comble à sa générosité par le sacrifice de sa vie. Le curé d'Érin mourut en odeur de sainteté, entouré des bénédictions de son peuple, dont la douleur et les larmes étaient la plus touchante oraison funèbre de leur pasteur.

Il serait difficile d'exprimer à quel point, cette mort fut sensible à Benoît; en perdant son oncle, il perdait un père; s'il lui devait beaucoup, sa reconnaissance égalait les services et les bienfaits; il ne parlait jamais de son oncle qu'avec la vivacité de la tendresse, l'énergie du sentiment et l'effusion du cœur.

Après ce coup funeste, notre Bienheureux resta encore quelques semaines à Erin jusqu'à ce que le fléau eut cessé de faire ses ravages et que les habitants de cette pauvre paroisse n'eussent plus besoin de ses services et de son dévouement; il revint alors à la maison paternelle, résolu à ne plus s'occuper désormais que de son salut.

CHAPITRE IV.

Le Bienheureux Benoît Labre à la Trappe et à Sept-Fonts.

Les heureuses dispositions du Bienheureux Benoît-Joseph Labre continuaient à se développer, et ses saintes habitudes à s'affermir. Plein d'aversion pour le vice, il semblait ne respirer que pour la vertu. La Providence qui le destinait à servir un jour glorieusement à ses grands desseins, prenait soin en quelque sorte de le disposer, de le former ellemême. La physionomie humble et modeste, le maintien grave et réfléchi du jeune Benoît, manifestait d'une manière évidente le secret de son intérieur et de ses intimes pensées. Dès sa plus tendre jeunesse, il s'était proposé d'être, autant qu'il le pourrait, une vive image de notre divin Sauveur ; or, il pensait que, pour ressembler à Jésus-Christ, le meilleur moyen était de former notre cœur sur le sien. Il disait à ce sujet qu'il fallait avoir trois cœurs dans un seul : le premier, plein de pureté, de ferveur et de sainteté, pour aimer Dieu, le servir et supporter avec patience les croix qu'il lui plaît de nous envoyer dans le cours de la vie. Le second plein d'amour, d'ardeur et de générosité, pour le service du prochain, spécialement pour la conversion des pécheurs et le soulagement des âmes du purgatoire. C'est à cette dernière intention qu'il priait souvent Jésus et Marie. Le troisième plein de fermeté, de sévérité, de courage contre nous-mêmes, pour refuser aux passions la satisfaction même la plus légère, aux sens les plaisirs les plus naturels, et sanctifier son corps à l'exemple de Notre-Seigneur ; car plus nous le méprisons, ce corps, plus nous le mortifions dans cette vie, et plus le Seigneur nous en récompensera dans l'autre.

D'après ces principes, il avait pris la résolution, relativement au premier point, de se maintenir dans une grande pureté de conscience ; de fuir avec horreur le péché, et de suivre constamment les inspirations divines ; de ne rien épargner pour acquérir toutes les vertus et les porter au plus haut degré de perfection. Quant au second objet, il se fit un devoir invariable d'avoir toujours sur la langue ce qu'il avait dans le cœur, et de n'avoir jamais dans le cœur que des sentiments de bienveillance, d'amour désintéressé pour le prochain, et de disposition constante à l'aider de tout son pouvoir et à prier sans cesse pour son salut. Enfin le dernier point, le point qu'il suivit avec une scrupuleuse exactitude, et une persévérance héroïque, fut de ne jamais accorder à son corps la moindre douceur, fût-elle la plus innocente, de le mortifier sans relâche et de n'avoir pour lui qu'un souverain mépris.

Pour mieux y parvenir, il eut pour maxime de se défier entièrement de ses propres forces et de mettre toute sa confiance en la grâce divine ; de mourir à ses inclinations, à soi-même, et de ne vivre plus que pour Dieu.

Les armes puissantes qu'il employait pour y réussir, étaient l'oraison, la mortification, la fuite des occasions et le recueillement intérieur qui est si propre à nous faire éviter les fautes les plus légères, et à nous élever par degrés à la perfection évangélique.

Brûlant d'amour pour Dieu, c'était dans cette ardente charité qu'il puisait les motifs qui le dirigeaient dans toutes ses actions ; il aspirait constamment au plus parfait ; et néanmoins, à quelque acte d'héroïque vertu qu'il se livrât, il le comptait pour rien. Cette générosité pouvait bien étonner les autres, mais elle n'était pas même à ses yeux digne du nom de vertu. Restant toujours mécontent de lui-même, il s'ingéniait à découvrir des moyens de se rendre encore plus agréable à Dieu et d'assurer son salut éternel.

Il n'avait que 15 ans, et pourtant depuis longtemps il priait Dieu jour et nuit de daigner l'éclairer sur l'état de vie qu'il devait embrasser. Dès sa plus tendre enfance, il avait conçu une pieuse aversion pour le monde ; son cœur avait un penchant décidé pour la retraite. Cette inclination devenant de plus en plus forte, il résolut de la satisfaire, en allant se renfermer dans quelqu'un de ces asiles fondés par la religion, où il pût pratiquer les rigueurs de la pénitence et s'assujettir aux observances d'une règle sévère. Dans cette vue, il commença à examiner avec soin les divers instituts religieux ; mais rien ne semblait répondre suffisamment à son amour de la croix, à son ardeur pour la mortification. Les austérités effrayantes de certains ordres étaient encore au-dessous de son courage, et le genre de vie le plus dur lui paraissait avoir trop de douceur. Enfin, le silence perpétuel, la parfaite solitude, l'austérité sévère, l'exacte régularité de la Trappe attirèrent ses regards et fixèrent son choix.

On ne pouvait l'accuser de précipitation. Il avait passé une année entière à sonder ses dispositions à cet égard et à consulter son directeur, qui était l'un des curés voisins, celui qui passait pour le plus pieux du pays.

Ce fut d'après son avis, qu'il se résolut enfin à s'en ouvrir à son oncle, le curé d'Erin, chez lequel il demeurait encore. Celui-ci crut d'abord que son neveu ne savait pas ce qu'il demandait et ne se doutait pas de tous les sacrifices qu'il aurait à faire dans cette vie austère ; mais lorsqu'il entendit Benoît lui exposer en détail les obligations et les usages des Trappistes, lui décrire le pays où se trouvait la Trappe, lui expliquer clairement les motifs qui le poussaient à exécuter ce projet ; il admira la prudence avec laquelle son neveu avait examiné sa vocation, et, après quelques jours de prière et de réflexion, il lui permit d'aller solliciter l'autorisation de ses parents.

Mais ceux-ci ressentaient trop de tendresse pour leur fils et d'admiration pour ses heureuses qualités, pour se résoudre de prime-abord à un tel sacrifice ; ils refusèrent leur consentement. Benoît reprit avec douleur le chemin d'Érin, espérant obtenir plus tard la permission qu'il venait de solliciter inutilement.

Mais après la mort de son oncle, il se sentit plus impérieusement pressé de rompre les liens qui l'attachaient au monde, et de se réfugier à la Trappe. Il s'y prépara par une confession générale et par un redoublement de ferveur et de mortification. Sa mère, effrayée des austérités qu'elle lui voyait pratiquer, l'engageait à se ménager, mais Benoit lui répondait : « Ne vous effrayez pas, ma mère, je me crois appelé « a la vie de la Trappe, il faut bien que je m'y habitue. » Ses parents tentèrent de l'ébranler dans ses résolutions, alors Benoît leur fit avec assurance cette déclaration : « Dieu « m'appelle à une vie austère et pénitente ; je commence à « me disposer à entrer dans les voies de Dieu. » Ces paroles prouvaient qne sa détermination était inébranlable ; aussi ses parents, persuadés qu'une ferveur si constante ne pouvait venir que de Dieu, firent leur sacrifice et permirent à leur fils d'exécuter son généreux dessein. Au comble de la joie, Benoît se jette à leurs pieds, demande leur bénédiction et part sans le moindre délai.

Mais, hélas ! après un voyage long et pénible, au moment où il croyait toucher au terme de ses désirs, une nouvelle épreuve l'attendait. Il fut refusé à la Trappe, à raison de sa jeunesse ; la règle ne permettait d'admettre que les personnes d'un âge assez avancé, d'une complexion assez forte, d'un tempérament assez formé pour résister à ce rude genre de vie. Il est aisé de concevoir combien ce refus inattendu fut sensible au pieux aspirant. Malgré son extrême affliction, il sut se résigner aux ordres de la Providence ; il revint à la maison paternelle pour y attendre en paix un temps plus favorable à la consommation de son sacrifice.

A peine fut-il de retour, qu'on l'envoya chez son oncle, M. Vincent, alors vicaire à Couteville, pour se perfectionner dans l'étude du latin. M. Vincent était un saint prêtre plein de ferveur et de zèle ; aussi se réjouit-il de recevoir Benoit dont la vertu lui était connue. Et son attente ne fut pas trompée, notre Bienheureux se fit remarquor à Couteville, comme à Érin et à Amettes, par une modestie, une doucenr, une piété, un esprit de pénitence et de charité qui le rendaient le plus parfait modèle du chrétien.

Écoutons le témoignage qu'en donne M. Vincent dans une de ses lettres : « Il s'est rendu aimable à cause de la grande « douceur dont il a donné des marques dans bien des occa- « sions. Parmi les enfants à qui je donnais des leçons, il y « en avait un fort mutin, qui, connaissant sa douceur, pre- « nait plaisir à le tracasser ; jamais il ne lui a résisté de « paroles ni d'actions ; il a poussé la patience, jusqu'à se « laisser notablement incommoder du froid en hiver, plutôt « que de porter plainte contre lui.... J'ai toujours remarqué « en lui beaucoup de piété et d'ardeur pour la lecture des « bons livres. Les ouvrages du Père L'Aveugle (1), qu'il a « lus plusieurs fois, lui ont donné cet attrait et cette ardeur « pour la pénitence ; et comme il avait un jugement solide « et une mémoire heureuse, les vérités saintes qu'il puisait « dans ces livres faisaient sur son esprit une impression pro- « fonde. »

Il continuait à Couteville ses pratiques de piété et de mortification ; et il faisait chaque jour de nouveaux progrès dans la perfection. Il trouvait son bonheur à suivre les diverses missions qui eurent lieu cette année dans trois ou quatre paroisses des environs ; il écoutait les missionnaires dans un tel esprit de foi, qu'il recueillait toujours de chacune de leurs instructions quelque bonne résolution pratique. Les grandes vérités de la religion le remuaient profondément et augmentaient en lui le désir de se consacrer entièrement à Dieu dans la solitude. Il alla consulter à ce sujet le supérieur du grand séminaire de Boulogne. Après lui avoir fait la troisième confession générale de sa vie, encouragé par ce prêtre pieux et éclairé, il résolut de se présenter chez les Chartreux qui ne

---

(1) Le Père Lejeune fut un célèbre prédicateur de ce temps-là ; on le surnomma le *Père l'Aveugle*, parce que, malgré cette infirmité, il continua à prêcher, et ses sermons faisaient tant d'impression sur le peuple, qu'il convertissait toujours beaucoup de pécheurs.

fixaient point d'âge pour l'admission des postulants. Cependant il voulut préalablement obtenir l'autorisation de ses parents; il retourna donc à Amettes, demanda pardon à ses père et mère des chagrins qu'il avait pu leur causer jusqu'alors, et après avoir reçu leur bénédiction, il prit la route de Montreuil. Avec quelle ferveur se prépara-t-il au jour où il devait se consacrer à Dieu dans le cloître ; il ne comptait pour rien les fatigues de la route, tant il aspirait à cet heureux moment. Dieu lui réservait cependant de nouvelles épreuves. Le supérieur de la Chartreuse de Montreuil le trouva trop jeune, et l'engagea à se disposer à son admission, par l'étude du plain-chant et de la dialectique. Benoît ne perd pas courage et va frapper à la Chartreuse de Longuenesse. On l'y reçoit et il se croit au comble de ses vœux ; mais au bout de six semaines de noviciat, après avoir édifié toute la communauté par ses vertus, il se crut obligé de la quitter, n'ayant pas trouvé dans la rigueur de la règle, de quoi satisfaire sa soif insatiable de souffrances.

Benoît, offrant à Dieu ce nouveau sacrifice, revint à Amettes, pour attendre de nouveau le temps marqué par la divine Providence ; en quittant le cloître, il en avait emporté l'esprit ; pendant les deux années qu'il passa dans la maison paternelle, ses austérités ne le cédèrent point à celles des plus fervents religieux ; quoique la main de Dieu l'eût visiblement retiré de la solitude, il ne s'en croyait pas moins appelé à mener cette vie pénitente. Incertain de l'état qu'il devait définitivement embrasser, il crut ne pouvoir mieux seconder les vues de la Providence sur lui, qu'en marchant au milieu du monde, sur les traces des anciens Pères du Désert. Outre les jeûnes, il pratiquait secrètement les œuvres de la plus austère mortification. Il ne cessait de prier et de lever les yeux vers les montagnes éternelles, d'où il attendait les lumières et les secours nécessaires pour correspondre pleinement aux volontés divines.

Cependant, suivant les conseils qu'il avait reçus et qu'il respectait comme l'ordre de Dieu même, il s'était mis avec courage à l'étude du plain-chant et de la dialectique sous la direction de M. Dufour, alors vicaire à Ligny ; mais son maître ne tarda pas à reconnaître que sa vocation réelle devait se borner à la science des saints ; car il semblait s'appliquer sans fruit à l'étude de la philosophie, tandis que le plain-chant, élevant son esprit et son cœur vers Dieu, le transportait en quelque sorte spontanément à la contemplation des perfections infinies de la divinité. M. Dufour voulut, un jour, lui reprocher sévèrement son peu de progrès, mais il se sentit désarmé par la sérénité et l'humilité avec lesquelles il recevait ses remontrances.

Il n'avait nullement perdu l'espoir de consacrer ses jours à la vie monastique ; sa mère, à la naissance d'un nouvel enfant, avait vivement désiré de lui donner Benoît pour parrain ; celui-ci s'en excusa en alléguant le temps considérable pendant lequel il serait absent, et par conséquent hors d'état de remplir les fonctions qu'on voulait lui confier ; sur l'insistance de ses parents, il céda et donna au nouveau-né le nom d'Augustin.

Après deux ans d'attente, il renouvela sa demande d'autorisation pour entrer dans le cloître, mais il rencontra beaucoup d'opposition de la part de sa famille et de ses amis ; tous cherchèrent à lui faire abandonner son projet ; ce fut une grande épreuve pour Benoît, mais, soutenu par la grâce, il conservait au milieu de ces luttes une gaîté, une sérénité, une soumission admirables. Sa mère continuant à refuser son consentement, sous prétexte que son fils, sorti de la maison paternelle, ne trouverait pas les moyens de subsister, Benoît lui dit : « Laissez-moi aller, ma mère, je vivrai de « racines comme les anachorètes ; avec la grâce de Dieu, « nous pourrons encore vivre comme eux. » Sa constance triompha enfin ; il embrassa ses parents et partit dans la ferme résolution, cette fois, de ne plus rentrer dans le sein de sa famille.

Au mois d'août 1769, le Bienheureux arriva à la Chartreuse de Montreuil. Le prieur du monastère l'examine, trouve ses dispositions excellentes et l'admet aux épreuves des postulants. Battu par la tempête et ayant vu de près les horreurs de la mort, un infortuné n'entre pas dans le port avec plus de joie que Benoît n'en ressentit en passant du monde dans la solitude du cloître. Avec quelle ardeur se portait-il aux exercices les plus pénibles de la règle ! Sa satisfaction dura peu. Les supérieurs, en rendant justice à sa ferveur, se persuadèrent que Dieu ne le voulait pas dans leur ordre, et qu'il n'avait exigé de lui que la bonne volonté du sacrifice et lui annoncèrent qu'il devait renoncer à vivre parmi eux.

Le jour même de sa sortie, Benoît écrivit à ses parents pour les informer des nouvelles résolutions qu'il avait prises. Cette lettre est un monument de la beauté de son âme, de sa piété, de son zèle, en un mot de l'héroïsme de sa vertu.

« Mon très-cher père et ma très-chère mère,

« Je vous apprends que les Chartreux ne m'ayant pas
« jugé propre pour leur état, j'en suis sorti le deuxième
« jour d'octobre. Je regarde cela comme un ordre de la di-
« vine Providence qui m'appelle à un état plus parfait. Ils
« ont dit eux-mêmes que c'était la main de Dieu qui me
« retirait de chez eux. Je me dirige vers la Trappe, ce lieu
« que je désire tant et depuis si longtemps. Je vous de-
« mande pardon de toutes les peines que je vous ai causées ;
« je vous demande à l'un et à l'autre votre bénédiction, afin
« que le Seigneur m'accompagne ; je prierai le bon Dieu
« pour vous, tous les jours de ma vie ; surtout ne soyez
« point inquiets à mon égard... Ayez soin de l'instruction
« de mes frères et sœurs, et en particulier de mon filleul,

« Moyennant la grâce de Dieu, je ne vous coûterai plus ja-
« mais rien et ne vous ferai plus aucune peine. Je me re-
« commande à vos prières, je me porte bien... Je ne suis
« sorti qu'après avoir fréquenté les Sacrements. Servons
« toujours le bon Dieu et il ne nous abandonnera pas. Ayez
« soin de votre salut, lisez et pratiquez ce qu'enseigne
« le Père l'Aveugle ; c'est un livre qui fait connaître le
« chemin du ciel ; et sans faire ce qu'il dit, il n'y a point
« de salut à espérer. Méditez les peines effroyables de l'enfer
« qu'on endure une éternité tout entière, pour un seul péché
« mortel qu'on commet si aisément. Efforcez-vous d'être du
« petit nombre des élus. Je vous remercie de toutes les
« bontés que vous avez eues pour moi et de tous les services
« que vous m'avez rendus, le bon Dieu vous en récompen-
« sera. Procurez à mes frères et sœurs la même éducation
« que vous m'avez donnée ; c'est le moyen de les rendre
« heureux dans le ciel ; sans instruction, on ne peut pas se
« sauver. Je vous assure que vous êtes déchargés de moi ;
« je vous ai beaucoup coûté, mais soyez assurés que, moyen-
« nant la grâce de Dieu, je profiterai de tout ce que vous
« avez fait pour moi. Ne vous affligez pas de ce que je suis
« sorti de la Chartreuse ; il ne vous est pas permis de ré-
« sister à la volonté de Dieu qui en a ainsi disposé pour mon
« plus grand bien et pour mon salut, je vous prie de faire
« mes compliments à mes frères et sœurs. Accordez-moi
« vos bénédictions ; je ne vous ferai plus aucune peine. Le
« bon Dieu que j'ai reçu dans mon cœur avant de sortir,
« m'assistera et me conduira dans l'entreprise qu'il m'a lui-
« même inspirée. J'aurai toujours la crainte de Dieu devant
« les yeux et son amour dans le cœur ; j'espère être reçu à
« la Trappe...

« Votre très-humble serviteur,

« Benoît-Joseph Labre.

« A Montreuil, ce 2 octobre 1769. »

On voit par cette lettre que notre Bienheureux avait toujours le désir d'être reçu dans l'Ordre qui était réputé le plus sévère; il va donc de nouveau frapper à la Trappe; mais la règle reste inflexible, on lui répond de nouveau qu'elle n'admet les novices qu'à 24 ans. Après quelques jours de prière, il prend la résolution de se diriger vers l'abbaye de Notre-Dame de Sept-Fonts. Il n'est arrêté ni par la saison rigoureuse qu'il aurait à subir, ni par la distance considérable qui le séparait de ce monastère, situé dans le diocèse d'Autun, auprès de Moulins; il entreprend son voyage seul, à pied, sans aucune ressource, vivant d'aumônes, au milieu des privations et des humiliations auxquelles cet état l'exposait. Mais sa vertu s'était fortifiée au milieu des contradictions et le mettait en état de supporter de telles épreuves. Il arrive enfin à Sept-Fonts, il y est reçu en qualité de novice de chœur, sous le nom de frère Urbain. Il bénissait la Providence qui l'avait ainsi amené au terme de ses désirs, et il se croyait fixé pour toujours dans sa chère solitude. Mais Dieu, qui voulait le promener par le monde, comme une leçon vivante, comme un modèle admirable de la pauvreté et de la mortification si recommandées dans l'Évangile, en avait disposé autrement. Il fut attaqué d'une maladie grave, et transporté dans l'hospice qui se trouvait en face du monastère; là, on lui prodigua tous les soins nécessaires avec une charité d'autant plus zélée et complaisante qu'on avait pu mieux apprécier sa vertu; mais les supérieurs pensèrent (comme les précédents qui en avaient ainsi également jugé) que Dieu ne l'appelait pas à vivre dans le cloître; ils le congédièrent à regret, en lui donnant les meilleurs témoignagnes de leur estime et de leur affection. L'on retrouve sur le registre du novicat, relativement à lui, cette note : « Il était pieux, « obéissant et laborieux, et il regrettait beaucoup la mai- « son. »

CHAPITRE V.

Les pèlerinages du bienheureux Benoît-Joseph Labre.

On comprend facilement quels furent les sentiments de Benoît dans cette nouvelle épreuve. Cependant ces coups redoublés, quelque sensibles qu'ils fussent au serviteur de Dieu, ne lassèrent pas sa constance. Il ne pensa plus à retourner à la maison paternelle, de peur de s'exposer à manquer à sa vocation ; restant persuadé qu'il était destiné par la Providence à embrasser l'état religieux, il prit la route de l'Italie, espérant être reçu dans quelqu'un de ces monastères où on l'assurait que la vie était très-régulière et très-austère ; c'est ce qu'il nous apprend dans une lettre qu'il écrivit à ses parents, de Quiers-en-Piémont pour les informer de sa sortie de Sept-Fonts et de ses nouveaux projets. Depuis cette époque ils n'ont entendu parler de lui qu'après sa mort. Voici cette lettre aussi édifiante que celle que nous avons précédemment transcrite :

« Mon très-cher père et ma très-chère mère,

« Vous avez sans doute appris que je suis sorti de l'ab-
« baye de Sept-Fonts et vous êtes en peine de savoir quelle
« route j'ai pu prendre depuis, et quel état de vie j'ai
« dessein d'embrasser. C'est pour m'acquitter de mon de-
« voir et vous tirer d'inquiétude que je vous écris cette let-
« tre. Je vous dirai donc que je suis sorti de Sept-Fonts le
« 2 juillet ; j'avais encore la fièvre, mais elle m'a quitté au
« quatrième jour de marche, et j'ai pris le chemin de Rome ;

« je suis bientôt à moitié chemin ; je n'ai pas marché vite,
« parce que dans le mois d'août il fait de grandes chaleurs
« dans le Piémont où je suis, et que j'ai été retenu pendant
« trois semaines dernièrement par une petite maladie, dans
« un hôpital où j'ai été assez bien soigné ; d'ailleurs, je me
« suis bien porté depuis que je suis sorti de Sept-Fonts. Il
« y a dans ce pays-ci plusieurs monastères où la vie est fort
« régulière et fort austère ; j'ai dessein d'entrer dans quel-
« qu'un et j'espère que Dieu m'en fera la grâce. Je sais que
« l'Abbé d'un de ces monastères de l'ordre de la Trappe a
« écrit à un Abbé de France, que, s'il avait des Français
« qui venaient dans son abbaye, il les recevrait, parce qu'il
« manquait de sujets... Ne vous inquiétez pas à mon égard,
« je voudrais bien avoir de vos nouvelles et de celles de mes
« frères et sœurs ; mais cela n'est pas possible à présent,
« parce que je ne suis pas arrêté dans un lieu fixe. Je ne man-
« que pas de prier Dieu pour vous ; je vous demande pardon
« de toutes les peines que je puis vous avoir causées, et je
« vous prie de m'accorder vos bénédictions, afin que Dieu
« bénisse mes desseins ; c'est par l'ordre de sa Providence
« que j'ai entrepris le voyage que je fais. Ayez soin de votre
« salut et de l'éducation de mes frères et sœurs ; veillez sur
« leur conduite ; pensez aux flammes éternelles de l'enfer et
« au petit nombre des élus. Je suis bien content d'avoir en-
« trepris le voyage que je fais. Je finis en vous demandant
« de nouveau vos bénédictions et pardon des chagrins que
« je vous ai occasionnés.

« Votre affectionné Fils,

« Benoît-Joseph Labre,

« en la ville de Quiers-en-Piémont, ce 31 août 1770. »

On a sans doute admiré jusqu'à présent la voie difficile
par laquelle le Seigneur, dont les vues sont toujours sages,

mais souvent impénétrables, conduisit son fidèle serviteur.
Plus admirable encore doit nous paraître le genre de vie
qu'il embrassa depuis sa sortie de Sept-Fonts, et qu'il suivit constamment jusqu'à la mort ; il avait alors vingt-deux
ans. Détaché du monde et ne se sentant de penchant que
pour l'état religieux, il entreprend le voyage d'Italie dans
l'unique espérance de rencontrer quelque monastère dont
l'austérité répondît à ses désirs et qui consentît à le recevoir. Mais, par une disposition particulière de la Providence,
il renonça bientôt à ce projet, ou plutôt le Seigneur, satisfait
de la fidélité de son serviteur, mit un terme à cette longue
hésitation et lui fit connaître d'une manière évidente la carrière toute nouvelle qu'il devait parcourir. Instruit par un
ange de la volonté de Dieu, Abraham s'éloigne d'Ur en
Chaldée, sa patrie, erre de contrée en contrée et vit en pèlerin dans cette terre d'exil ; conduit par le même esprit qui
dirigea le patriarche de l'ancienne loi, Benoît se détermine
à visiter les lieux devenus les plus célèbres par la piété des
fidèles. A l'exemple d'un grand saint de la loi nouvelle,
de saint Alexis, il quitte son pays, ses parents, ses amis, il
abandonne tout, pour suivre Jésus-Christ dans les voies de
la pauvreté et de l'humilité. Dieu éclaire dès lors de lumières
si vives ses desseins sur lui, que désormais il pourra répondre à ceux qui lui feront des objections sur le genre de vie
qu'il va embrasser, ces simples paroles : « *Dieu le veut.* »

Du reste, la manière dont il entreprenait ses voyages et
la conduite qu'il y tenait, montrent suffisamment que Dieu
lui-même l'avait engagé dans cette voie extraordinaire. Ses
longs et continuels pèlerinages, l'homme de Dieu les faisait
toujours à pied, dépourvu des choses les plus nécessaires
et de la moindre somme d'argent pour se les procurer, vêtu
très-pauvrement, ne portant que des habits grossiers et usés
qu'il raccommodait lui-même aussi longtemps qu'ils pouvaient
servir ; couchant presque constamment sur la terre nue ou

sous un hangard, il ne prenait aucune précaution pour se défendre des injures de l'air, de l'ardeur du soleil ou des rigueurs du froid. Il évitait les routes publiques et recherchait les lieux solitaires, refusant toute compagnie, même celle des personnes honnêtes, disant qu'il désirait faire oraison en voyage. Enfin, au milieu de toutes les privations et de tous les dangers, il se montrait plein de courage et de confiance, soutenu par son ardent amour pour Dieu et sa tendre piété envers la sainte Vierge.

C'est cette dévotion à Marie qui le porta à commencer sa carrière de pèlerin par une visite à Notre-Dame de Lorette. On sait que cette chapelle, appelée dans le pays la *santa casa*, est la maison même où s'est accompli le mystère de l'Incarnation ; transportée miraculeusement de Judée en Italie, elle est devenue le théâtre d'innombrables miracles et l'objet de la vénération des fidèles. C'est là que l'ange Gabriel est venu saluer la Très-sainte Vierge et lui annoncer qu'elle a été choisie pour devenir la Mère de Dieu ; c'est là que Marie s'est exercée à toutes les vertus ; c'est là que s'est passée l'enfance de Jésus. On comprend facilement combien la tendre pitié de Benoît s'exaltait encore dans la contemplation de ces touchants mystères ; aussi revenait-il chaque année rendre ses hommages à Notre-Dame de Lorette. Après avoir satisfait sa dévotion, notre Bienheureux se dirigea vers Assise, pour y vénérer le tombeau de saint François, le grand patriarche et fondateur des Franciscains. Au début d'une carrière toute de privation et d'humiliation, il sentait le besoin de se mettre sous la protection de ce pauvre si célèbre, de celui qui a mérité d'être appelé *l'humble et pauvre François*. Ce fut par dévotion à saint François d'Assise qu'il se fit recevoir dans la confrérie du Saint-Cordon, fondée par Sixte V et enrichie de nombreuses indulgences ; on a constaté qu'il porta jusqu'à la mort sur la chair nue le cordon de saint François.

Il arriva à Rome pour la première fois à la fin de l'année 1770 et passa trois jours dans l'hôpital Saint-Louis fondé par les pèlerins français. A Rome, le centre de la Religion catholique, le tombeau des saints Apôtres et des Martyrs, Benoît sentit sa dévotion se dilater, s'agrandir ; tout lui rappelait la vie de la foi et, comme saint Paul, il *surabondait de joie ;* mais n'anticipons point sur ce qui regarde son séjour à Rome et qui fera l'objet d'un chapitre spécial. Nous allons auparavant parcourir rapidement les principaux sanctuaires qu'il visita pendant les dix dernières années de sa vie.

Il se sentit d'abord inspiré d'aller à Fabriano, où se trouvait le tombeau de saint Romuald, ce fondateur de rigides solitaires, cet insigne héros de la pénitence qui, jusqu'à une extrême vieillesse, ne cessa de pratiquer les plus rudes austérités. On comprend que notre Bienheureux ait voulu réclamer sa protection. M. Paggetti, curé de Fabriano, que Benoît avait pris pour son directeur, nous a conservé de précieux détails sur la vie qu'il y mena sous ses yeux. On lit dans une de ses lettres : « Il passait une partie de la « journée à l'Église à prier avec une ferveur admirable... « Je remarquai en lui une grande dévotion à l'adorable humanité de Notre-Seigneur et pour sa sainte Mère ; beaucoup de compassion pour les âmes du Purgatoire ; un « grand mépris de lui-même ; il ne parlait de son corps que « par un terme qui montrait bien le peu de cas qu'il en faisait ; un grand amour pour le prochain ; il priait avec ferveur pour tout le monde et donnait aux pauvres la plus « grande partie des aumônes qu'il recevait, ne se réservant « que ce qu'il lui fallait pour sa misérable nourriture de la « journée, sans penser au lendemain... » Ce respectable prêtre ajoute qu'il était alors fort embarrassé, ne pouvant pas achever la construction d'un hôpital, faute d'argent, et que Benoît Labre, en partant de Fabriano, lui dit qu'il recon-

naîtrait volontiers les soins qu'on avait eus pour lui à l'hôpital où il avait logé, et que Dieu permettrait qu'on pût l'a-
chever. M. Paggetti prit ces paroles pour une espèce de
prédiction qui ne tarda pas à se vérifier; car peu après une
dame inconnue fit à cet hôpital un legs de cent écus romains
qui suffirent pour terminer l'édifice.

A Fabriano résidait alors une pieuse veuve, appelée Vincente Roche, vivant dans l'affliction et dans le décourage-
ment; un jour, elle voit passer devant sa demeure le *saint
pauvre* par une pluie torrentielle; émue de compassion, elle
demande à Benoît s'il ne veut pas entrer un moment chez
elle. Le Bienheureux fait un signe d'assentiment et la salue par
ces mots : (1) « *Loués soient Jésus et Marie.* » Lorsqu'il fut
assis, elle se mit à le considérer attentivement. En le voyant
si modeste, si pauvrement vêtu, un crucifix sur la poitrine,
un chapelet à la main et un autre au cou, elle ne douta
point qu'il ne fût un grand serviteur de Dieu, elle espéra
qu'il saurait la consoler de ses peines : elle ne se trompait
point. Benoît lui parla de la bonté et de la miséricorde de
Dieu, de sa providence paternelle, des récompenses qu'il
réserve à ceux qui souffrent, avec tant d'onction qu'elle se
sentit toute consolée et fortifiée; à son départ, elle se recommanda à ses prières et lui fit promettre de revenir le
lendemain. Cependant Vincente Roche raconte son heureuse
rencontre à une de ses amies, Vincente Fiordi, que le Seigneur éprouvait depuis longtemps par d'horribles souffrances.
On croira facilement que cette pauvre jeune fille conçut un
vif désir de voir aussi Benoît; et il fut convenu que le lendemain on tâcherait de le décider à venir la visiter. Notre
Bienheureux, toujours disposé à consoler les malheureux,
consentit sans peine à cette démarche. A son entrée, la

____

(1) C'était le salut habituel du Bienheureux, chaque fois
qu'il adressait la parole à quelqu'un.

malade, frappée de sa physionomie, demeura convaincue suivant ses naïves expressions que c'était « Jésus-Christ lui-même ou un saint du paradis, » d'autant plus que ses paroles firent sur elle une telle impression qu'elle a déclaré n'avoir jamais rien entendu qui lui ait procuré tant de paix et de consolation ; Benoît lui parla aussi d'un secret de conscience que Dieu seul pouvait lui avoir révélé ; enfin, il lui dit que Dieu lui réservait encore de grandes douleurs, qu'elle devait s'animer à la patience et qu'elle passerait du lit où elle était couchée, en paradis. Cette prédiction se vérifia. Vincente Fiordi montra pendant plusieurs mois un courage surhumain au milieu d'horribles douleurs, et mourut dans les sentiments les plus chrétiens. Benoît consentit à prendre dans cette maison quelque nourriture ; mais comme on le pressait de manger davantage, il répondit : « J'ai besoin « de peu, ce que je prendrais de plus servirait à la pâture « des vers. » Il eut plusieurs entretiens spirituels avec les personnes qui se trouvaient dans la même maison, et voulant reconnaître la charité dont il avait été l'objet, il demanda du papier et écrivit la prière suivante :

« Jésus-Christ, roi de gloire, est venu en paix.

« Dieu s'est fait homme.

« Le Verbe s'est fait chair.

« Le Christ est né de la Vierge Marie.

« Jésus allait en paix au milieu d'eux.

« Jésus-Christ a été crucifié.

« Jésus-Christ est mort.

« Jésus-Christ a été enseveli.

« Jésus-Christ est ressuscité.

« Jésus-Christ est monté au ciel.

« Le Christ est vainqueur, le Christ règne, le Christ commande.

« Que Jésus-Christ nous défende de tout mal.

« Jésus est avec nous.

« Pater. Ave. Gloria. »

Il leur remit cette prière en ajoutant que « si elles la récitaient pieusement chaque jour, leur maison et les maisons voisines seraient préservées de malheurs et de tremblements de terre. » Cette prédiction se vérifia encore. Quelques années plus tard, un horrible tremblement de terre ayant détruit presque entièrement la ville de Fabriano, la maison des Fiordi ne fut pas même ébranlée, et, dès ce moment, cette prière se répandit rapidement parmi le peuple et chacun voulut l'avoir et la réciter (1).

M. Paggetti raconte encore qu'un jour Benoît le suivit à la sacristie, et qu'après l'avoir salué profondément, il lui demanda s'il voudrait bien l'entendre en confession, et lui permettre de communier, s'il l'en jugeait digne. Il exprima aussi le désir de lui servir la messe, et, en considération de sa piété, le curé y consentit. Mais le recueillement, la ferveur de Benoît, en servant au saint sacrifice, et en recevant le corps adorable de notre divin Sauveur, frappèrent tellement les personnes présentes, qu'elles dirent à M. Paggetti : «Vous êtes bien heureux d'avoir eu un saint pour vous servir la messe. »

M. Paggetti était, du reste, convaincu que Benoît avait conservé l'innocence baptismale et il se sentait pour lui une espèce de vénération.

Le P. Temple, qui était le directeur du Bienheureux à

(1) *Nota.* Il faut remarquer que le Bienheureux a promis cette préservation de malheurs, seulement aux personnes de la famille Fiordi, et, en outre, qu'il avait exigé qu'on récitât cette prière PIEUSEMENT, ce qui suppose une conscience exempte de péché; toutefois la réciter dans de telles dispositions en l'honneur du Bienheureux, c'est évidemment un moyen d'attirer sur soi des grâces abondantes.

Notre-Dame de Lorette et à qui il fit une confession générale, était du même avis, et il est resté persuadé que Benoît n'a jamais commis un péché de propos délibéré et qu'il n'a cessé de correspondre aux grâces éminentes qu'il recevait de Dieu. La manière dont ce prêtre, très-versé dans la direction des âmes, fit la connaissance de Benoît, est d'ailleurs assez remarquable. Il voit, un jour, venir à lui un homme qui, malgré ses haillons, avait un air de dignité, de modestie, de recueillement et de piété qui le frappe tout d'abord ; mais son étonnement augmente lorsqu'il entend ce pauvre s'exprimer ainsi : « Mon père, je désirerais, pendant le temps que Dieu me fera la grâce de rester à ce sanctuaire, me soumettre en tout à votre obéissance. Pour le moment il me suffirait que vous me permettiez, si vous le jugez bon, de suivre mon régime ordinaire. » — « Mais quel est ce régime ? » reprend vivement le confesseur surpris d'une telle demande. — « J'ai coutume, répond Benoît, de me contenter de ce qui m'est offert par charité sans jamais demander l'aumône. » — « Mais si l'on ne vous donne rien ? » — « Il y a les épluchures que l'on jette dans les rues et où je trouve toujours quelque écorce de pomme ou d'orange, quelque feuille de chou ou d'autre légume qui suffit pour me soutenir jusqu'au lendemain. » — « Mais enfin si ces choses vous manquent ; vous voulez donc tenter Dieu ? » — « Je trouve toujours dans la campagne quelques herbes ou quelques racines, et je bois l'eau des fossés. » Ce court entretien décelait jusqu'où pouvait aller son abnégation et son profond mépris des besoins de la nature.

Benoît, après avoir été rendre une seconde fois ses hommages à la Madone de Lorette, entreprit de parcourir le royaume de Naples, pour y visiter les sanctuaires les plus renommés ; à Bari, l'église de Saint-Nicolas ; à Naples, celle de Saint-Janvier ; au Mont-Gargan, celle de Saint-Michel, et plusieurs autres. Il avait coutume de séjourner quelques jours dans chacun des lieux où sa dévotion l'avait attiré ; il puisait dans sa charité d'ingénieux moyens pour rendre une foule de services au prochain, il allait consoler les affligés, veiller les malades, ensevelir les morts. Il avait aidé à accomplir ce dernier devoir envers une personne, lorsqu'on découvrit que plusieurs objets de prix avaient disparu ; les soupçons se tournèrent contre une servante ; celle ci, tout en larmes, se jette aux pieds de Benoît et le supplie d'intercéder pour elle, afin qu'elle ne fût pas accusée injustement, et que Dieu voulût bien manifester son innocence. Il le promit ; et, deux jours après, le coupable remit les effets que cette pauvre femme était soupçonnée d'avoir soustraits. Il venait de quitter Fabriano, lorsque longeant le bord d'une rivière, il aperçoit un jeune homme qui s'y noyait. A cette vue, sa charité s'enflamme; sans balancer, il s'élance aussitôt ; il ne sait pas nager ; mais Dieu le soutient ; il parvient à ramener le corps sur la rive, mais, hélas ! il semble inanimé. Il fait tous ses efforts pour le rendre à la vie, mais sans succès ; il court alors à la ville voisine pour demander du secours ; et la Providence voulut que la première personne qu'il rencontrât fût le père du noyé. A force de soins, on parvient à obtenir quelques battements de cœur ; Benoît redouble de zèle et de précaution pour son malade, il commence une neuvaine au Saint-Suaire de Besançon ; sa persévérance est récompensée et le jeune homme recouvre la santé. Malgré les offres les plus généreuses, il ne voulut accepter pour toute récompense de ses soins que deux écus de six francs ; encore les distribua-t-il aux premiers pauvres qui se présentèrent à lui.

Après ce long séjour dans le royaume de Naples, il fut de nouveau saluer sa bonne Mère à Lorette ; puis, il passa le reste de l'année à Rome. L'année suivante, il fit ses pieux pèlerinages dans le grand duché de Toscane. Il visita en particulier le mont Alverne, où saint François, le pauvre d'Assise, reçut tant de faveurs d'en-Haut.

Il revit successivement la plupart des pèlerinages de France, entre autres Notre-Dame de Liesse; il visita deux fois Notre-Dame d'Eisidlen en Suisse; il eut beaucoup à souffrir dans ce voyage, à cause de la rigueur du froid et des pluies, mais loin de s'en plaindre, il trouvait dans ces souffrances une telle satisfaction qu'il lui arrivait de renfermer de grosses pierres dans son sac, afin d'avoir plus de peine à marcher.

Bientôt vint le tour de l'Espagne. Sa piété le porta à y visiter tant de sanctuaires célèbres, Notre-Dame du Mont-Serrat, Notre-Dame du Pilier, le Christ de Burgos, d'autres encore élevés en l'honneur des saints vénérés des Espagnes. Dans le cours de son voyage, le Seigneur lui réserva une épreuve fort pénible. Il traversait un bois, plongé dans ses méditations ordinaires, lorsque tout à coup, il entend non loin de lui des cris plaintifs; il y court, et voit un homme couvert de blessures et de sang qui paraissait sur le point d'expirer. Ce spectacle l'émeut vivement, il court chercher de l'eau pour laver les plaies du blessé et déchire une partie de ses vêtements pour les bander. Il lui prodigue, en un mot, les soins les plus empressés. Mais pendant qu'il était occupé à cet acte de charité; il entend un bruit confus de voix et plusieurs personnes qui arrivaient en tumulte. Benoît, sans se rendre compte de ce qu'il éprouve, s'effraie et se met à fuir; mais on le saisit, deux cavaliers l'arrêtent et voyant sur ses vêtements plusieurs taches de sang, ils n'ont plus de doute, c'est un des criminels qui ont assassiné le voyageur, Benoît est donc étroitement lié, malgré ses protestations, et conduit en prison. On peut juger de sa douleur, lorsqu'il se vit chargé de chaînes et plongé dans un cachot; cependant, son cœur ne s'abandonne point au murmure, sa conscience ne lui reproche rien, il attend avec confiance que Dieu le délivre. Son espérance ne fut point trompée. Si le voyageur avait été sauvé, s'il avait repris ses sens, c'était grâce aux premiers soins de Benoît. Dès qu'ils furent confrontés, l'on reconnut sans peine, aux déclarations de l'un et de l'autre, que Benoît, loin d'être son meurtrier, était son libérateur. Il sortit donc honorablement de cette prison ; mais il voulut continuer de soigner celui qui avait été l'innocente occasion de cette humiliation pour lui ; il ne le quitta qu'après son parfait rétablissement, et avant de se séparer ils allèrent tous deux remercier la sainte Vierge, à son sanctuaire de Notre-Dame du Mont-Serrat, de la protection qu'elle leur avait accordée.

Il est temps de donner quelques détails sur la manière dont il passait ses journées à Notre-Dame de Lorette, son sanctuaire de prédilection, qu'il visita onze fois, où il revenait toujours avec un nouveau plaisir, à cause des touchants mystères de la vie de Jésus et de Marie qu'il lui rappelait.

Le prêtre Valéri avait souvent remarqué à Notre-Dame de Lorette, un pauvre qui passait des heures entières à genoux dans l'église ; dès que l'église était fermée, il l'avait vu se coucher ou plutôt s'étendre sur le pavé près du portail, prendre ainsi le repos de la nuit, afin de pouvoir entrer dans le lieu saint, aussitôt que la porte serait ouverte ; il s'était dit en lui-même : « C'est un fou ou un grand saint. » Mais cette dernière supposition lui paraissait plus vraisemblable, à cause de la modestie, du recueillement, qu'il remarquait en ce pauvre extraordinaire. Un jour, il se décide à lui adresser la parole et lui offre de lui procurer un lit dans l'hospice, ajoutant qu'il était imprudent de passer ainsi la nuit sur le marbre, exposé à l'extrême fraîcheur et à toutes les intempéries de l'air. Il obtint cette seule réponse : « Les pauvres ne doivent pas avoir de lit commode, mais se coucher comme ils le peuvent. » Et comme l'abbé Valéri insistait : « Je ne veux pas aller à l'hospice, parce qu'on y « entend trop offenser Dieu. »

Ces derniers mots et quelques autres explications avaient

fait comprendre à l'abbé Valéri quelle était la piété de ce pèlerin étranger. Il réussit une seule fois à lui faire accepter un mauvais vêtement ; il chercha enfin à lui procurer un logement en rapport avec ses goûts de solitude et de prière. Après plusieurs démarches rendues inutiles par l'amour de Benoît pour la pauvreté et la mortification, il crut avoir trouvé ce qu'il cherchait dans la maison des époux Sori. Ceux-ci furent enchantés de pouvoir loger le *saint pauvre*, et quoiqu'ils ne fussent pas à leur aise, ils refusèrent toute espèce de dédommagement pécuniaire. Il fut donc convenu qu'ils réserveraient à Benoît une petite chambre basse, très-pauvrement garnie, afin de ne pas effrayer son humilité, et qu'ils le traiteraient sans aucune espèce d'estime, seul moyen d'obtenir que Benoît consentît à cet arrangement.

L'abbé Valéri se chargea de le faire agréer au Bienheureux, qui finit par céder aux instances du prêtre, et par accepter l'abri qu'on lui offrait. Le soir, il se dirige donc vers la maison, il attend qu'on lui ouvre, puis il salue ses hôtes charitables par son souhait accoutumé : « *Loués soient Jésus et Marie*, » et il remercie Gaudence et Barbe Sori de la charité qu'ils voulaient bien lui faire au nom de notre Seigneur Jésus-Christ. Introduit dans la chambre basse qui lui était réservée, il trouva qu'elle était trop bien pour lui. « Pourquoi tout ceci, disait-il ; un pauvre n'a be- besoin que de quelques pieds de terre pour se mettre à couvert ; il ne lui faut pas de lit, n'avez-vous pas quelque réduit plus pauvre ? » Il ne consentit à y déposer son sac, que lorsqu'on l'eut assuré que c'était la plus mauvaise chambre de la maison. On lui servit ensuite un modeste repas : « Eh quoi ! s'écria-t-il, ce n'est pas assez de me loger, vous voulez encore me nourrir ! » Il ne commençait à manger qu'après en avoir été pressé par la maîtresse du logis ; il n'acceptait que des fragments ou des débris ; son amour pour la pauvreté lui persuadait qu'il ne devait recevoir que les restes.

Son humilité avait trouvé un autre moyen de se satisfaire. Il voulut qu'on l'enfermât à clef pendant la nuit, sous prétexte qu'on ne le connaissait point, et il fallut passer par là, sous peine d'être privé de la consolation de le posséder. Le matin, quand on allait lui ouvrir, on le trouvait toujours en prières à genoux, ou debout, ayant à la main un livre de piété. Il se dirigeait aussitôt vers le sanctuaire de sa bonne Mère et ne rentrait que le soir. Il préférait se passer de nourriture toute la journée que de perdre quelques instants du temps précieux qu'il passait aux pieds de Jésus et de Marie, car il allait successivement de la Mère au Fils et du Fils à la Mère, jusqu'à ce qu'arrivât le moment de réciter les litanies de la sainte Vierge (1), ce qui avait lieu le soir avec un grand concours de peuple. Il restait à l'église jusqu'à la fermeture des portes. C'est alors seulement qu'il prenait le petit repas que lui avait apprêté Barbe Sori ; il ne mangeait pas autre chose dans la journée, faisant ainsi un jeûne continuel, et, comme on le voit, des plus rigoureux.

Nous finirons ce chapitre par une anecdote qui a été rapportée par plusieurs écrivains. Rome, qui fut toujours la ville hospitalière par excellence, était devenue l'asile d'un Persan, nommé Zitli, qui avait été gouverneur d'une grande ville et très-puissant à la cour du roi de Perse; mais par suite d'une révolte, il fut obligé de fuir, perdit la plus grande partie de ses richesses, et vint chercher un asile en Europe. Ses malheurs étaient un bienfait de la grâce. Zitli était de la secte de Mahomet, il eut le bonheur d'ouvrir les yeux à la vérité, et abjura l'Islamisme, pour embrasser la religion catholique. Ce fut quelque temps après, qu'il se fixa à Rome où il recevait une modeste pension de la Propagande.

Zetli avait conçu un ardent armour pour la sainte Vierge,

(1) On appelle les Litanies de la sainte Vierge, *Litanies de Lorette* (Litaniæ Lauretanæ), parce que c'est en ce lieu qu'elles ont commencé à être chantées publiquement.

et il allait de temps à autre faire un pèlerinage à Notre-Dame de Lorette. Il en revenait, lorsqu'entrant dans un sanctuaire vénéré qui se trouve sur la route de Rome à Lorette, il aperçoit un pauvre, les bras croisés sur la poitrine, les yeux levés vers le ciel, et paraissant tout plongé dans une extase d'amour. Cette vue fit sur lui une très-forte impression ; mais lorsque le soir, revenant à l'église, il vit ce pauvre immobile à la même place et dans la même position, sa surprise fut au comble. Animé du désir de connaître cet homme extraordinaire, il s'approche et l'invite à venir prendre chez lui quelque nourriture. Benoît baisse la tête, réfléchit un instant, puis accepte. Après une courte prière, il se lève pour suivre celui qu'il appelle son bienfaiteur. Je n'ai pas besoin d'ajouter qu'une étroite amitié se forma entre ces hommes d'une piété éminente, qui cherchaient tous deux avant tout à se sanctifier et à assurer leur salut. Ils s'entretinrent longtemps des voies par lesquelles le Seigneur conduit ses élus, et ne se séparèrent qu'en se promettant de dire l'un pour l'autre un *Ave Maria* dans les sanctuaires qu'ils visiteraient.

Le lendemain Zitli arriva dans un village où il comptait passer la nuit ; mais dans l'hôtellerie, il entend raconter un fait extraordinaire. Deux jours auparavant, un pauvre voyageur était venu demander un abri à une personne de ce village ; c'était une mère dans la désolation parce qu'elle avait un petit enfant à la mort et dont les médecins désespéraient ; elle demanda avec instance au pauvre de prier pour lui ; le pèlerin le promit, et posa ses deux mains sur la tête de l'enfant qui cessa aussitôt ses cris ; le lendemain matin, il se trouva parfaitement guéri. La mère transportée de joie court pour remercier son hôte, mais il était déjà parti. Zitli frappé de ce miracle, demanda quelques renseignements sur le pauvre pèlerin, et au portrait qu'on lui en fit, il ne lui fut pas difficile de reconnaître en lui Benoît Labre, dont le Seigneur voulait ainsi récompenser la vertu.

CHAPITRE VI.

*Les dernières années du bienheureux Benoît-Joseph Labre.
Sa manière de vivre à Rome.*

Quelques personnes ont reproché à notre Bienheureux sa vie de pèlerin, il est certain cependant que, dès les premiers temps du christianisme jusqu'à nos jours, un grand nombre de saints entreprirent de longs et fréquents voyages par esprit de dévotion ; leur piété n'y perdait rien ; elle y gagnait au contraire beaucoup ; ils allaient avec ferveur visiter les sanctuaires les plus vénérés et en revenaient meilleurs chrétiens. Le pieux auteur de l'Imitation de Jésus-Christ nous donne, il est vrai, pour maxime, que rarement on retire des voyages quelque fruit pour la réforme des mœurs, mais il faut ajouter qu'il en arrive ainsi lorsqu'ils sont entrepris par la curiosité seule ; de plus, on ne peut se dissimuler que le pèlerin n'ait souvent plus de dangers à courir pour l'âme que pour le corps ; par elle-même une vie errante jette dans la dissipation. Mais qu'on voyage comme Benoit, et conduit par le même esprit, certainement les pèlerinages ne donneront aucune atteinte à la piété ; loin de là, ils la nourriront, la fortifieront, la perfectionneront. Il ne cessait de prier pendant sa marche ; il ne s'arrêtait jamais pour considérer les objets capables de piquer ou de satisfaire la curiosité, jamais non plus il ne mettait les pieds dans les hôtelleries ; il passait les nuits en plein air et en employait une partie à méditer sur la religion ; il évitait la société et la compagnie de qui que ce fût. Il cherchait et trouvait surtout dans ses voyages de nouveaux moyens de mortification ; à l'aspect des tombeaux et des reliques des saints que Dieu s'était plù à glorifier, son âme chrétienne et généreuse s'exaltait, se sentait plus vivement portée à les imiter.

Toutefois, en 1777, Benoît prit la résolution de se fixer à Rome, et il n'en sortait plus qu'une fois par an, pour aller visiter Notre-Dame de Lorette. Il chercha d'abord un abri solitaire pour la nuit ; il le trouva près du Colisée, lieu célèbre dans les temps de paganisme, et si cher aux chrétiens depuis qu'il a été consacré par le sang d'une foule innombrable de martyrs. Benoît découvrit sous d'anciens murs presqu'entièrement détruits un enfoncement suffisant pour contenir un homme et le mettre à couvert de la pluie et des injures de l'air ; son choix fut fait aussitôt, il n'eut plus d'autre logement que cette misérable retraite. C'est là qu'il prenait un peu de repos, après avoir passé toute la journée en prières dans les églises et avoir assisté, le soir, à l'instruction qu'on fait aux pauvres. Il ne put résister longtemps à ce genre de vie, sa santé fut promptement altérée ; une nourriture malsaine et insuffisante, des austérités continuelles, une posture gênante et incommode, c'en était trop pour détruire un tempérament qui n'était point d'une constitution robuste. Le serviteur de Dieu dépérissait à vue d'œil ; il survint une enflure qui s'étendit rapidement sur la moitié du corps ; sans de prompts secours il allait succomber.

Mais un bon pauvre, nommé Théodose, mort depuis en grande réputation de vertu, était alors gardien de l'Hospice évangélique, destiné à loger douze pauvres, en l'honneur des saints apôtres. Théodose, qui connaissait et estimait Benoît, touché de compassion, le présente à M. l'abbé Mancini, administrateur de cet hospice ; ce prêtre plein de charité pour les malheureux, reçut Benoît et pourvut à son traitement et à sa nourriture. Ces soins furent couronnés de succès et on parvint à arrêter le mal. Notre Bienheureux ne fut pas plutôt rétabli qu'il alla trouver son bienfaiteur et lui dit : « Vous voyez, monsieur, que je suis parfaitement guéri ; la charité que vous avez de me loger dans votre hospice, vous pouvez la faire à quelqu'autre pauvre ; je suis en état d'aller recevoir la soupe à la porte des couvents. Mais comment vous témoigner ma reconnaissance ? Je le vois bien, sans vous je serais mort de cette enflure. C'est à vos bontés que je dois la vie. » — « Mon cher ami, répond le bon prêtre, ne me remerciez pas, mais en rendez grâces à Dieu, qui vous a guéri ; si vous me faites la charité de penser à moi dans vos prières, j'y serai bien sensible. » — « Je le ferai toujours, reprend Benoît avec la vivacité de la reconnaissance. »

Quoique le serviteur de Dieu ne fût pas dans les conditions requises pour être reçu régulièrement dans l'Hospice évangélique, cependant sa conduite édifiante, et ses rares vertus engagèrent M. Mancini à lui permettre de loger dans cette maison de charité, et d'y passer les nuits avec les autres pauvres. Il en avait une si haute opinion, que toutes les fois qu'il le voyait passer, il disait à ceux avec lesquels il se trouvait : « Voilà un saint ! »

M. l'abbé Mancini nous a laissé de précieux détails sur la vie qu'il menait à l'Hospice évangélique. « Le serviteur « de Dieu, dit-il, se retirait à l'hospice ordinairement vers « six heures du soir ; lorsqu'il n'était pas encore ouvert, au « lieu de se joindre aux autres pauvres, il allait se mettre à « genoux derrière une petite colonne de la façade de l'hôtel « voisin ; là il priait dévotement jusqu'à ce qu'il entendît « ouvrir la porte. Après être entré dans la première salle « où il avait son lit, il continuait à s'entretenir avec Dieu, « tandis que les autres pauvres s'amusaient et causaient « entre eux dans l'autre salle qui était beaucoup plus grande. « Dès que le gardien donnait le signal pour la prière du « soir, qui se faisait en commun et qui durait une demi

« heure, il s'y rendait promptement, et, à la grande édifica-
« tion de tous, il répondait toujours avec beaucoup de mo-
« destie, de piété et de recueillement ; ensuite il se retirait
« auprès de son lit et continuait à prier. La lumière éteinte,
« il prolongeait encore son oraison, et jamais on ne l'a vu se
« déshabiller pour se coucher. Dès qu'il s'éveillait, il se re-
« mettait à prier ; le gardien de l'hospice et les autres
« pauvres l'ont entendu souvent la nuit faire des oraisons
« jaculatoires et des actes de contrition. »

« Dans une vive horreur pour le péché, il implorait la
« divine miséricorde, en s'écriant : Ayez pitié de moi, Sei-
« gneur, ayez pitié de moi.

« Benoît logeait volontiers dans cet hospice, parce qu'on
« n'y souffre pas que les pauvres tiennent de mauvais dis-
« cours, s'échappent en paroles indécentes ou de colère ou
« de disputes, sous peine d'être chassés.

« Le matin, au signal donné par le gardien, Benoît se
« levait aussitôt, il assistait avec les autres pauvres à la
« prière du matin, et se rendait toujours en priant, dans
« quelque église où il demeurait à genoux aux pieds des
« autels jusqu'à midi, quelquefois cependant il passait la
« moitié de la matinée dans une église, et la moitié dans
« une autre. Ensuite il allait recevoir la soupe, à la porte
« d'une maison religieuse ; de là, il se dirigeait vers quelque
« église où le Saint-Sacrement était exposé pour les prières
« des Quarante-Heures et n'en sortait qu'au soir. »

M. Mancini a vu souvent Benoît, après avoir reçu la soupe,
prendre avant de commencer de manger, son écuelle à deux
mains, la tenir élevée comme pour offrir à Dieu sa nourriture et rester en prières dans cette posture cinq ou six mi-
nutes, montrant par là qu'il était plus occupé de son âme
que de son corps.

Le Bienheureux récitait tous les jours le Bréviaire et d'autres offices particuliers, il faisait ensuite plusieurs lectures

de piété, qui lui inspiraient beaucoup d'oraisons jaculatoires.
Une de ses principales dévotions consistait à méditer sur la
passion de notre divin Sauveur; c'est à cet effet qu'il se retirait souvent, pour passer les nuits, sous une des nombreuses arcades du Colysée. Dans cette arène où tant de martyrs
ont reçu la palme de la victoire, au milieu de l'obscurité de
la nuit, à laquelle la solitude venait encore ajouter ses ter-
reurs secrètes, il aimait à parcourir les stations du Chemin
de la Croix établies dans le pourtour de cet important édifice. Ce pauvre inconnu de tous, méprisable en apparence,
était pourtant devenu l'objet de la vénération publique, et la
surprise fut générale, lorsqu'on reconnut à sa mort de combien de traits de vertu l'on pouvait recueillir le témoignage
en sa faveur; citons-en seulement quelques-uns.

Ce que nous avons déjà dit du Bienheureux Benoît Labre
nous montre suffisamment combien il avait d'horreur pour
le péché, et nous ne serons pas étonnés de le voir fuir les
occasions dangereuses, comme à la vue d'un serpent; c'est
pour cela qu'il ne voulait point loger dans les auberges, et
qu'il refusait l'hospitalité, à moins qu'il ne pût rester isolé;
non-seulement il évitait personnellement le péché avec le
plus grand soin, mais il le détestait également dans les autres. Il éprouvait une véritable souffrance, lorsqu'il entendait blasphémer le saint Nom de Dieu. — Les pauvres de
l'hospice évangélique parlaient un jour du mensonge et l'un
d'entre eux se mit à traiter cette faute de bagatelle, dont il
ne fallait pas tenir compte. Benoît reprit aussitôt avec vivacité : « Pour tout au monde, il ne faudrait pas mentir, attendu
que le mensonge est une offense à Dieu. » — Une autre fois,
il entend quelqu'un avancer cette étrange proposition : « Encore vaut-il mieux être bien ivre que malade. » — « Quel
indigne propos, s'écrie Benoît, et ne savez-vous pas que
l'ivrognerie est un péché mortel ? »

Ce qui faisait son caractère distinctif, c'était l'amour de

la mortification et de la pauvreté. Nous avons déjà cité plusieurs traits de cette mortification ou plutôt de ces austérités effrayantes. Sa patience n'était pas moins admirable. Plus d'une fois il fut le jouet de troupes d'enfants, qui lui firent souffrir mille mauvais traitements, le poussant, le frappant, le tirant par la barbe et les cheveux. Benoît, dans ces circonstances, ne laissait pas même échapper une plainte ; il semblait ne rien voir, ne rien sentir, et ne faisait pas le moindre mouvement pour repousser ces attaques. Un jour, on lui lança contre la jambe une pierre aiguë qui fit jaillir le sang. Benoît sans se retourner, sans ralentir le pas, continue tranquillement son chemin. Cette patience a quelque chose d'héroïque, on peut ajouter que la derniere partie de sa vie ne fut qu'une suite continuelle de souffrance ; mais la faim, la soif, la nudité, le froid, le chaud, les intolérables insectes qui le dévoraient, les railleries, les affronts, les mauvais traitements, rien ne put jamais troubler la paix de son âme ; sous le poids accablant de tant de croix et de sacrifices, il parut toujours égal, toujours gai et serein, de sorte qu'il pouvait dire avec l'Apôtre : *Je suis rempli de consolation, je surabonde de joie, au milieu des tribulations.* Du reste, il s'occupait si peu des besoins, des nécessités de son corps, qu'on peut dire qu'il ne vivait plus en quelque sorte sur la terre et qu'il ne sentait plus les infirmités. Mais ce qu'il y a de plus touchant, c'est que ce pauvre de Jésus-Christ qui s'était prescrit pour règle, de ne jamais demander l'aumône, et de ne recevoir que ce qu'on lui donnerait volontairement, trouvait encore moyen de soulager d'autres pauvres. Plusieurs ont assuré avoir reçu de lui quelques pièces d'argent, au moment où ils se trouvaient dans un extrême besoin. Environné de cette auréole de vertus, Benoît-Joseph Labre volait dans les sentiers de la perfection ; devenu insensible aux affections humaines, l'amour divin absorbait toutes les pensées de son esprit, tous les mouvements de son cœur. Il s'unissait de plus en plus à son Bien-Aimé ; il soupirait après le moment où il pourrait le voir face à face et se reposer dans son sein. Le Seigneur ne tarda pas à lui accorder cette récompense qu'il avait si bien méritée.

CHAPITRE VII.

La mort et la sépulture du bienheureux Benoît-Joseph Labre.

Les forces ne répondaient plus à la ferveur toujours croissante de Benoît ; depuis quelques mois surtout on le voyait s'affaiblir graduellement. Le mercredi saint, 1683, après être resté longtemps en prière à Notre-Dame des Morts, son église de prédilection, il se sentit défaillir, il voulut sortir, espérant que le grand air le ranimerait, mais il tomba sans connaissance sur les marches de l'Église, On accourt aussitôt, on le relève ; revenu un peu à lui, d'une voix mourante, il demande un verre d'eau. On se hâte de le lui porter, il le prend et l'offre à Dieu, en levant les yeux au ciel. Après l'avoir bu, il soulève ses paupières languissantes et remercie son bienfaiteur, comme si on lui avait donné le plus puissant secours qu'il pût recevoir en ce monde. Cependant, à la vue de son extrême faiblesse, on lui proposa de le transporter à l'hôpital, plusieurs personnes offrirent même de le conduire chez elles, mais Benoît, tout en se montrant sensible à leurs offres, ne crut pas devoir accepter. Sur ces entrefaites, arrive Zacarelli, boucher et ami du serviteur de Dieu, dont la maison était peu éloignée. Touché de voir Benoît dans cet état, il s'approche et lui dit : « Vous n'êtes pas bien, il faut avoir soin de soi ; voulez-vous venir à la maison ? » Benoît réflé-

chit un instant : « A votre maison, oui, je le veux bien. »
Le malade prend le bras de son ami et, comme cela ne suffit
pas, plusieurs personnes viennent en aide, et on parvient à
le transporter chez Zacarelli, qui le fit mettre tout habillé
sur un lit.

On crut d'abord que ce n'était qu'une extrême faiblesse;
on lui donna un peu de nourriture, mais l'estomac ne put la
supporter, la défaillance augmenta sensiblement; on essaya
de lui faire prendre quelques gouttes de vin, mais il lui fut
impossible de l'avaler. Un prêtre qui se trouvait là fortuite-
ment, reconnaissant la gravité du mal, demande au malade
s'il y avait longtemps qu'il ne s'était approché des sacrements?
Benoît répond qu'il avait eu ce bonheur depuis peu. Il s'était,
en effet, confessé cinq jours auparavant; il avait communié
le même jour et encore le dimanche des Rameaux. Il paraî-
trait même probable qu'il aurait reçu son Dieu le matin du
jour de sa mort. Le prêtre lui ayant fait quelques questions
sur l'état de sa conscience, il répondit qu'il n'y avait rien
qui lui fît de la peine, et qu'il était tranquille. Ce furent ses
dernières paroles; la respiration devint de plus en plus
embarrassée, il perdit connaissance : on ne put lui faire recevoir le saint Viatique, mais on lui administra le sacrement
de l'Extrême-Onction.

Les Pères de la Congrégation de Jésus de Nazareth, pleins
de zèle et de charité pour les mourants, se rendirent auprès
de Benoît, dès qu'ils furent informés de son état, et l'assis-
tèrent jusqu'à son dernier moment. Plusieurs autres personnes entouraient le lit du malade pendant qu'on récitait
les litanies de la Sainte-Vierge ; à ces paroles : *Sainte Marie,
priez pour lui*, sans convulsion, sans aucun symptôme
d'agonie, avec toutes les apparences de la plus douce tranquillité, ce grand serviteur de la Mère de Dieu s'envola dans
le sein de son Créateur le mercredi saint, 16 avril de l'année
1783, à l'âge de 35 ans.

Aussitôt que Benoît eut rendu le dernier soupir, le Seigneur manifesta d'une manière tout à fait extraordinaire la mort précieuse de son fidèle serviteur ; Dieu, qui sait tirer sa gloire de la bouche des enfants, inspira à un grand nombre d'entre eux de parcourir les principales rues de Rome en criant : « *Le saint est mort, le saint est mort.* »

Aux cris des enfants se joignent bientôt les voix du peuple et de tous les ordres de citoyens ; à peine le bruit s'est-il répandu que Benoît n'existait plus, que de toutes parts on se met en mouvement. Rome toute entière s'ébranle ; dans les places, les rues, les maisons, on ne cesse de répéter qu'il est mort un saint. Le peuple se rassemble en foule devant la maison de Zacarelli ; on demande à voir le corps du saint pauvre, on entre de force. Pour empêcher le désordre, il faut faire venir un détachement de soldats corses qui suffirent à peine à contenir la multitude jusqu'au moment où l'on transporta le corps à Notre-Dame des Monts. Ce ne fut pas sans une disposition particulière de la Providence sans doute qu'on résolut d'inhumer le serviteur de Dieu dans cette église qu'il avait si longtemps fréquentée et à l'endroit même où il avait coutume de prier.

Zacarelli voulut que le convoi de son ami fût magnifique et par une générosité peu commune, il en fit les frais, malgré la médiocrité de sa fortune. Cependant le concours du peuple augmentait à chaque instant ; pour maintenir le bon ordre, on fut obligé de doubler la garde militaire qui fit cortége au corps, et rendit la pompe funèbre encore plus imposante. Ce qu'on ne saurait décrire, c'est ce que cette cérémonie présenta d'édifiant et de touchant. Les uns versaient des larmes de tendresse et de regret, les autres publiaient à haute voix les louanges de Benoît, tous enviaient son heureux sort ; ce spectacle fit tant d'impression sur plusieurs pécheurs qu'ils se convertirent et après avoir obtenu le pardon de leurs longs désordres, commencèrent une nouvelle vie de pénitence et de ferveur.

Cependant à raison des offices de la semaine sainte, on ne put exposer le corps dans l'église même, on le transporta provisoirement dans un oratoire attenant à la sacristie. C'est là que pendant quatre jours la foule ne cessa de venir vénérer le corps du saint pauvre ; les personnes de tout âge, de tout sexe, de toute condition s'y rendaient à l'envi, on y accourait de toutes parts ; des prélats et des seigneurs du premier rang ne craignaient pas d'attendre des heures entières que leur tour vînt pour pénétrer auprès de ces humbles restes ; on variait à l'infini les marques de dévotion et de respect ; les uns se prosternaient à ses pieds, d'autres faisaient toucher leurs chapelets à quelques parties de son corps ; ceux-ci lui baisaient les mains, ceux-là l'invoquaient avec ferveur, tous étaient dans l'admiration en voyant ses pieds, ses mains, ses chairs conserver leur flexibilité et n'exhaler aucune odeur ; il y eut même plusieurs guérisons obtenues par le simple contact avec ce corps que le Seigneur voulait glorifier.

Le dimanche de Pâques, jour fixé pour l'inhumation, on fit la reconnaissance de l'identité devant un grand nombre de témoins, puis on dressa un acte authentique ou mémoire de la vie de cet illustre serviteur de Dieu ; avant de le renfermer dans le cercueil, on voulut lui ôter ses vêtements pour le revêtir d'une tunique blanche ; mais tandis que, pour y procéder avec plus de facilité, on mettait le corps inanimé sur son séant, il s'élève une clameur de stupéfaction, on crie *au miracle*. La main du cadavre avait saisi le banc sur lequel il était appuyé et se tenait ainsi fortement, on cherche à détacher la main, puis on renouvelle l'épreuve, et la main soutient de nouveau le poids du corps, par un effort nerveux. Beaucoup de personnes furent frappées de ce prodige ; du reste, on était témoin d'un autre miracle ; depuis cinq jours que durait l'exposition, la souplesse des membres était restée entière et l'on avait continué de remarquer qu'il ne s'exhalait aucune mauvaise odeur. Enfin, ces restes précieux furent renfermés dans un double cercueil, transportés dans l'intérieur de l'église de Notre-Dame des Monts et déposés près du grand autel, du côté de l'épître.

On pouvait penser, qu'après l'inhumation, le concours et l'empressement du peuple se ralentiraient un peu.

Il n'en fut pas ainsi ; à défaut de la satisfaction de l'avoir sous les yeux, on voulut se procurer la consolation de prier sur son tombeau ; cet homme si obscur, si inconnu pendant sa vie, jette après sa mort un éclat subit et merveilleux ; lorsqu'ils ne sont plus les serviteurs des rois, les grands de la terre sont bientôt oubliés, on ne parle plus même d'eux ; il en est bien autrement pour les véritables serviteurs de Dieu : c'est après la mort qu'ils sont, à l'exemple de leur maître, véritablement honorés ; il avait fallu que le Christ souffrît et entrât ainsi dans sa gloire, de même Benoît-Joseph Labre, après avoir vécu dans la pénitence et l'humiliation, fut tout d'un coup revêtu et comme enveloppé d'une auréole glorieuse.

On continue d'accourir de toutes parts à Notre-Dame des Monts ; les hommages, les prières, les supplications ne restent point sans récompense ; on entend continuellement éclater ces cris confus : « *Je suis guéri... ô miracle... Vive le saint Pauvre... ô prodige... ô miracle...* » Plus on reçoit de grâces et de faveurs, plus la reconnaissance se manifeste et plus le concours s'étend et s'accroît. L'église n'est plus assez vaste pour contenir les pieux visiteurs, on multiplie inutilement les soldats destinés à maintenir le bon ordre ; la foule grossit de plus en plus, on se voit obligé de suspendre les offices, et même de retirer de l'église le Saint-Sacrement. Malgré toutes ces précautions et les dispositions les plus sages, on en fut réduit à fermer l'église pendant deux jours, pour éviter les désordres qu'amenait nécessairement ce concours universel presque incroyable. On fit autour du tombeau une enceinte défendue par une balustrade, protégée en outre par un détachement de gardes corses. L'ardeur et la dévotion du peuple se montrèrent dès lors plus calmes et plus religieuses. La nouvelle de la mort du Bienheureux et la renommée des merveilles que Dieu opérait sur son tombeau se répandirent rapidement, la confiance en son appui s'accrut avec les grâces obtenues par son entremise et l'on vit accourir à son tombeau les pèlerins en foule, non-seulement des contrées voisines, mais encore des pays les plus éloignés ; les uns pour implorer l'intercession du Pauvre de Jésus-Christ, les autres pour le remercier de leur avoir accordé la guérison de leurs maladies ou d'autres grâces spirituelles et temporelles.

Depuis ce temps, le concours n'a pas diminué, chaque jour y amène de nouveaux suppliants, la puissance et la gloire du bienheureux Benoît-Joseph Labre sont aujourd'hui connues et vénérées dans tout l'univers.

CHAPITRE VIII.

Merveilles arrivées à la mort du bienheureux Benoît-Joseph Labre.

Autant le cours de la vie de Benoît Labre avait été obscur et caché, autant le Seigneur prit soin d'exalter son serviteur après sa mort. Une religieuse d'une éminente vertu reçut de Dieu une révélation à ce sujet ; elle voyait un charmant jardin dans lequel Jésus cueillait une belle fleur, et il lui fut dit que ce jardin était l'hospice des pauvres, et qu'un d'entr'eux était reçu dans les tabernacles éternels; elle en écrivit à M. Mancini, administrateur de l'hospice ; peu de jours après, le Bienheureux quittait cette terre d'exil, et personne ne doutait que cette prédiction ne dût s'appliquer qu'à lui seul.

Un fait non moins remarquable se passait à Lorette : c'était à peu près l'époque du pèlerinage annuel de Benoît à Notre-Dame de Lorette. Les époux Sori chez lesquels il avait coutume de loger, s'entretenaient souvent de sa prochaine visite, et, à chaque fois, leur petit enfant, nommé Joseph, âgé seulement de cinq ans, répétait ces mots : *Benoît ne viendra pas, Benoît se meurt.* Si on le questionnait sur la manière dont il le savait, il répondait simplement : *Le cœur me le dit.* Le jeudi-saint, la femme Sori voulait préparer la chambre de Benoît, mais Joseph s'y opposait : *Je vous ai déjà dit que Benoît ne viendra pas, il est allé en Paradis.*

Nous avons déjà reconnu que Benoît pendant sa vie inspirait à tous ceux qui le voyaient un profond respect, et qu'on le regardait généralement comme un saint. Cette conviction universelle se manifesta surtout au moment de sa mort par ces cris répétés : *Le Saint est mort, le Saint est mort, le Pauvre des quarante heures, le saint Pauvre n'est plus, il est mort un saint!* C'est que sous ses misérables haillons, on découvrait une âme d'élite, un grand serviteur de Dieu ; plusieurs personnes, après l'avoir quelque temps observé, assuraient qu'il serait un jour honoré sur les autels. De pieuses femmes, à son insu, coupèrent adroitement de petits morceaux de ses vêtements « pour avoir, disaient-elles, des reliques d'un saint. » D'autres conservaient précieusement les chaises sur lesquelles il s'était assis, ou les ustensiles dont il s'était servi en prenant quelque nourriture, comme on le fit au couvent de Monte-Lupone, et chez divers habitants de Rome.

Le Seigneur avait favorisé son serviteur de dons surnaturels, grâces de choix, qu'il n'accorde ordinairement qu'aux âmes privilégiées ; Benoît Labre avait le don de pénétrer les secrets des cœurs, et il s'en servit souvent pour l'avantage du prochain ; il rencontre un jour un libertin, et après lui avoir fait sentir le triste état de son âme, il l'avertit que s'il ne changeait pas de vie, il périrait misérablement. « Hâ- « tez-vous, lui dit-il, de faire une bonne confession, car la « mort vous poursuit. » Ce malheureux n'en tint aucun compte et mourut, quelques jours après, dans l'impénitence.

Il fut plus heureux une autre fois ; il accoste une personne et lui dit : « Chassez cette pensée, c'est une tentation du « démon. » Cet homme tout confus et interdit, renonce au projet qu'il nourrissait d'abandonner sa femme et se réconcilie avec Dieu. M. Marconi raconte qu'il avait l'intention de lui donner certain livre de piété, mais qu'à la réflexion, il y avait renoncé, pensant que cet opuscule ne lui serait pas avantageux ; quel fut son étonnement, en entendant le Saint lui demander le livre en question, et montrer par ses ré- flexions qu'il savait parfaitement tout ce qui s'était passé dans l'esprit de l'abbé Marconi. — Une personne avait ré- solu de donner à Benoît une aumône dont elle gratifiait jus- qu'alors un autre pauvre, mais sans avoir communiqué ses intentions à personne. Elle voit passer le Bienheureux et lui offre son aumône ; celui-ci la refuse, en disant : « Je vous remercie, je ne veux pas qu'un autre en soit privé à cause de moi. » Nous pourrions citer un grand nombre de traits semblables, mais passons au don de phophétie, dont Dieu l'avait aussi favorisé.

Au dernier voyage qu'il fit à Notre-Dame de Lorette, une personne lui dit en le quittant : « Adieu, nous nous reverrons l'année prochaine. » — « Je ne le crois pas, re- prit Benoît. » — « Comment ! vous ne viendrez pas l'année prochaine, et c'est pour la dernière fois que nous nous voyons ? » — « Nous nous reverrons, s'il plait à Dieu, continua Benoît, mais en paradis. »

Nous avons déjà vu que Benoît prédit à une personne de Fabriano qu'elle aurait à supporter de longues souffrances, et qu'elle irait de son lit au ciel. L'abbé Verdelli n'était encore que tonsuré et il craignait de rencontrer beaucoup d'obstacles pour sa promotion aux saints Ordres, tant de la part de ses parents, qu'à cause de son peu de ressources. Il se recommanda aux prières de Benoît ; celui-ci, après un moment de réflexion, lui dit : « *Tout ira bien.* » Et en effet, contre toute attente, il n'éprouva aucune difficulté. Une autre fois, ce même abbé Verdelli lui ayant annoncé qu'il allait se faire religieux de Saint-François, Benoît lui répondit : *Vous ne le serez pas ;* il éprouva effectivement tant de contradictions de la part de ses parents, qu'il fut obligé de renoncer à son projet.

Nous citerons encore une prédiction très-remarquable, faite à son confesseur, quelques jours avant sa mort ; il vient trouver l'abbé Marconi, et, tout en larmes : « Mon Père, lui
« dit-il, j'ai cru que j'étais mort et qu'on m'enterrait à No-
« tre-Dame des Monts, du côté de l'Épitre ; il y avait autour
« de mon corps, une foule de monde qui faisait grand bruit ;
« Jésus-Christ m'a dit : Je te cède ma place. Hélas ! on ôtait
« le Saint-Sacrement ; on cessait les prières des Quarante-
« Heures, et, au lieu d'adorer notre divin Maître dans le
« sacrement de son amour, une multitude de gens de toute
« espèce ne s'occupaient qu'à donner des marques d'honneur
« à un pécheur comme moi. » En parlant ainsi, il avait le cœur plongé dans la plus vive douleur, ce qui se comprend facilement, si l'on considère d'un côté son humilité et son profond mépris pour lui-même, de l'autre son ardent amour pour Jésus. Nous avons vu pourtant cette prédiction s'accomplir en tous points et en quelque sorte à la lettre ; le concours immense du peuple autour de son tombeau, les marques de la dévotion la plus exaltée, et le Saint-Sacrement retiré de l'autel pour être renfermé dans la sacristie ; enfin les prières des Quarante-Heures qui devaient se faire à Notre-Dame des Monts, transférées par une force majeure dans une autre église.

Il fut encore donné à Benoît Labre de jouir de fréquentes extases; un grand nombre de personnes ont assuré qu'elles l'avaient vu les bras étendus ou croisés sur la poitrine, les yeux fixés au ciel, le corps soulevé de terre et comme suspendu en l'air; de plus, il était tout rayonnant de gloire; le visage enflammé, resplendissant d'une vive lumière qui l'enveloppait depuis les pieds jusqu'à la tête. Parfois cet état d'extase se prolongeait longtemps, ravi qu'il était au sein des délices que lui apportaient ses conversations toutes célestes avec son Bien-Aimé.

Ce serait ici le lieu de raconter les miracles opérés par le Bienheureux; mais ils sont tellement notoires et multiples que ce récit ne saurait entrer dans le cadre restreint de cet opuscule. M. Marconi disait déjà dans une de ses lettres, l'année même de la mort de Benoît : « Il est impossible de « raconter tous les miracles opérés depuis son heureux tré- « pas... la vue est rendue aux aveugles, l'ouïe aux sourds, « la parole aux muets ; les maladies les plus invétérées « sont parfaitement guéries... Et ces miracles ont lieu, non- « seulement à Rome, mais encore dans les diverses villes « de l'Italie, spécialement à Notre-Dame de Lorette ; ils se « multiplient tous les jours en France, en Espagne, en « Suisse, en Allemagne et dans presque tous les royaumes « de l'Europe. »

Cependant, pour satisfaire la pieuse curiosité des lecteurs, nous citerons quelques-uns de ceux qui eurent lieu immédiatement après la mort du Bienheureux.

Une femme clouée sur son lit par une paralysie universelle, se fait porter sur le tombeau de Benoît; à peine avait-elle terminé une courte prière, qu'elle se relève sans aide, et retourne chez elle entièrement guérie.

Une personne de 22 ans, muette depuis sa naissance, étant venue prier à Notre-Dame des Monts, le grand serviteur de Dieu, reçut instantanément l'usage de la parole.

Un homme, qui souffrait depuis longtemps d'horribles douleurs, se sent inspiré d'avaler un petit morceau de linge qui avait appartenu au Bienheureux, et aussitôt ce mal si invétéré cesse et disparaît pour le reste de sa vie.

Un autre, miné par un chancre affreux qui menaçait de le conduire avant peu au tombeau, entend parler des miracles que le saint Pauvre opérait ; ils lui inspirent une telle confiance, qu'il se fait transporter sur le tombeau ; il prie quelques instants, il se relève, il est guéri.

Une pauvre femme hydropique fut également, et en présence de beaucoup de spectateurs, apportée sur le tombeau ; à peine avait-on commencé à prier pour elle, qu'il s'écoula de ses pieds en abondance une eau infecte, après quoi, elle se trouva parfaitement guérie.

Une dame de la ville d'Arles, paralysée de la moitié du corps, fit une neuvaine au Bienheureux Benoît-Joseph Labre, et obtint ainsi sa guérison complète.

Un grand nombre de personnes, en appliquant sur l'endroit malade une image, une médaille ou une relique du Bienheureux, se virent entièrement délivrées de souffrances, d'ulcères ou d'autres infirmités. Un miracle aussi éclatant qu'incontestable eut lieu à Bolène. Une religieuse du Saint-Sacrement, par trois années de souffrances aiguës, avait été réduite à un état déplorable ; elle éprouvait souvent ou des convulsions violentes ou des faiblesses prolongées, qui plusieurs fois firent croire qu'elle n'était plus ; depuis quelques mois le mal avait fait de nouveaux progrès ; l'estomac ne remplissait plus ses fonctions, sa vie n'était plus qu'une cruelle et longue agonie ; elle inspirait tant de compassion que le médecin disait un jour que s'il était permis d'abréger par pitié les jours d'une personne, ce serait bien le cas. Cependant la religieuse demande et se met sur la poitrine une image de Benoît Labre ; elle commence à l'invoquer avec ferveur ; tout à coup : « *Je suis guérie, s'écrie-t-elle, allez chercher mes habits, afin que je me lève.* » Et en effet, elle ne ressent plus aucune douleur, elle marche même, mais la faiblesse la fait bientôt chanceler, elle tombe à genoux, elle supplie le Seigneur d'achever son ouvrage. Quelques moments après, elle descendait l'escalier, se prosternait dans la chapelle au milieu des religieuses stupéfiées d'un changement si soudain et si complet. On chante un *Te Deum* d'actions de grâces. Depuis, cette religieuse ne s'est jamais ressentie de cette cruelle maladie ; elle remplissait tous les devoirs de la règle comme celles de ses compagnes qui jouissaient de la meilleure santé.

Nous terminerons par un miracle d'autant plus précieux qu'il montre l'impression profonde que faisait même sur les incrédules la vue de ces prodiges continuels. Un anglais prédicant de Boston se trouvait alors à Rome et ne voulait ajouter aucune foi à ce qu'on lui rapportait des merveilles opérées au tombeau du nouveau saint ; cependant, comme c'était un homme instruit, d'un caractère droit et cherchant avant tout la vérité ; il voulut examiner les documents qui servaient de preuves de quelques-uns des principaux miracles ; cet examen le convainquit tellement, non-seulement de la véracité des faits, mais même de la vérité de notre sainte religion, qu'il se fit instruire et quelques mois après, abjura solennellement ses erreurs.

Et maintenant ne pouvons-nous pas nous écrier avec un pieux évêque de Boulogne (1) : « Gloire et actions de grâces
« soient à jamais rendues à la bonté divine, qui, pour oppo-
« ser ses digues aux torrents d'iniquités, dont la terre est
« inondée, et des contre-poisons aux venins d'incrédulité
« dont elle est infectée, a fait des signes surnaturels et mer-
« veilleux dans la capitale du monde chrétien, afin que la
« vive sensation qu'ils y ont produite se répandît plus aisé-

(1) Mandement de Mgr de Partz de Pressy, du 3 juillet 1783.

« nient de toutes parts jusqu'aux régions les plus lointaines,
« et servît davantage à la confusion de l'impiété, à l'affermis-
« sement de la foi, à l'encouragement de la ferveur. »

« Saints du ciel, pouvons-nous dire aussi avec saint Li-
« guori (1). Saints du ciel, vous avez donc eu la véritable
« sagesse ! Ici-bas, par amour pour Dieu, qui possédait
« toutes vos affections, vous avez su mortifier vos corps ;
« aussi maintenant, vos ossements, restes précieux de votre
« dépouille mortelle, sont exposés à la vénération publique,
« et la foule se réunit avec empressement autour de vos
« tombeaux. »

C'est ce que nous avons vu réalisé d'une manière admirable pour le bienheureux Benoît-Joseph Labre. Non-seulement à Rome et à Lorette, mais encore à Arras, à Amettes,
berceau de son enfance, et dans tous les endroits où on lui a
élevé une statue, partout où l'on vénère ses reliques ou son
image, on vient en foule se prosterner à ses pieds et rendre
ses hommages à *celui que le Roi du ciel veut honorer*. Allons-
y donc aussi, allons prier le saint Pauvre avec ferveur et
confiance, et nous nous sentirons, pleins de joie et de consolation, pleins de force et de courage pour imiter les vertus
et marcher sur les traces de notre glorieux Protecteur.

(1) S. Liguori, *Pensées sur les fins dernières*.

FIN DE LA VIE DU B. B.-J. LABRE.

PRIÈRES ET CANTIQUES

En l'honneur du Bienheureux Benoît-Joseph Labre.

Prières consacrées par l'Église.

COLLECTE : O Dieu qui vous êtes attaché entièrement le bienheureux Benoît-Joseph, votre confesseur, par le goût de l'humilité et l'amour de la pauvreté, accordez-nous la grâce, par ses mérites et son intercession, de mépriser toutes les choses de la terre, et de rechercher toujours les biens célestes ; nous vous en prions par Notre-Seigneur-Jésus-Christ qui vit et règne dans tous les siècles des siècles. Ainsi soit-il.

SECRÈTE : O Dieu très-clément, regardez d'un œil favorable ces présents que nous vous offrons, et par l'intercession du bienheureux Benoît-Joseph, votre confesseur, accordez-nous d'en profiter pour notre salut ; nous vous en prions par Jésus-Christ Notre-Seigneur. Ainsi soit-il.

POST-COMMUNION : Fortifiés par vos dons sacrés, nous vous prions, Seigneur, de nous accorder la grâce d'imiter les vertus du bienheureux Benoît-Joseph, votre confesseur, et de nous en appliquer les mérites ; nous vous en prions par Jésus-Christ Notre-Seigneur. Ainsi soit-il.

LITANIES DU BIENHEUREUX BENOÎT LABRE.

Seigneur, ayez pitié de nous.
Jésus-Christ, ayez pitié de nous.

Seigneur, ayez pitié de nous.

Jésus-Christ, écoutez-nous.

Jésus-Christ, exaucez-nous.

Père céleste, qui êtes Dieu, ayez pitié de nous.

Fils, rédempteur du monde, qui êtes Dieu, ayez pitié de nous.

Esprit-Saint, qui êtes Dieu, ayez pitié de nous.

Trinité sainte, qui êtes un seul Dieu, ayez pitié de nous.

Sainte Vierge, pour qui le Bienheureux eut une si tendre dévotion, priez pour nous.

Bienheureux Benoît-Joseph, prévenu des dons les plus
précieux du Saint-Esprit,

Bienheureux Benoît-Joseph, appelé dans votre enfance
un ange terrestre,

Bienheureux Benoît-Joseph, dévoré, jeune encore, de
l'amour divin,

Bienheureux Benoît-Joseph, pénétré de compassion et
de tendresse pour les pauvres,

Bienheureux Benoît-Joseph, animé d'une charité ardente
pour le prochain,

Bienheureux Benoît-Joseph, abandonnant tout pour être
docile à la voix du ciel,

Bienheureux Benoît-Joseph, voyageur et pèlerin toute
votre vie,

Bienheureux Benoît-Joseph, fidèle à suivre les conseils
évangéliques,

Bienheureux Benoît-Joseph, parfait imitateur de votre
divin Maître,

Bienheureux Benoît-Joseph, modèle de recueillement et
de modestie,

Bienheureux Benoît-Joseph, amoureux des opprobres,

Bienheureux Benoît-Joseph, heureux de souffrir pour
Jésus-Christ,

Bienheureux Benoît-Joseph, patient dans les traitements
les plus injustes,

Bienheureux Benoît-Joseph, héros de la pénitence chrétienne,

Bienheureux Benoît-Joseph, exemple admirable de mortification,

Bienheureux Benoît-Joseph, émule des anciens Pères du désert,

Bienheureux Benoît-Joseph, amateur passionné de la croix du Sauveur Jésus,

Bienheureux Benoît-Joseph, petit et abject à vos propres yeux,

Bienheureux Benoît-Joseph, qui vouliez être le rebut de tous les hommes.

Bienheureux Benoît-Joseph, qui étiez mort à vous-même et au monde,

Bienheureux Benoît-Joseph, dont la vie mortifiée effraie notre mollesse,

Bienheureux Benoît-Joseph, dont les vertus sublimes sont la condamnation des vices de notre siècle,

Bienheureux Benoît-Joseph, qui avez constamment vécu de la vie de la foi,

Bienheureux Benoît-Joseph, dont l'union avec Dieu était continuelle,

Bienheureux Benoît-Joseph, qu'on trouvait souvent abîmé dans la contemplation des Mystères divins,

Bienheureux Benoît-Joseph, qui trouviez vos délices au pied des saints autels,

Bienheureux Benoît-Joseph, que la seule pensée de l'amour eucharistique jetait dans un doux ravissement,

Bienheureux Benoît-Joseph, qui méritiez si bien d'être appelé le Pauvre des Quarante-Heures,

Bienheureux Benoît-Joseph, que l'on a si justement proclamé saint au moment de votre mort,

Bienheureux Benoît-Joseph, que Dieu présente au monde comme une leçon salutaire,

Bienheureux Benoît-Joseph, qui êtes l'honneur de ce pays
et l'ornement de ce diocèse, priez pour nous.

Agneau de Dieu, qui effacez les péchés du monde, pardon-
nez-nous, Seigneur.

Agneau de Dieu, qui effacez les péchés du monde, exaucez-
nous, Seigneur.

Agneau de Dieu, qui effacez les péchés du monde, ayez pitié
de nous, Seigneur.

Jésus-Christ, écoutez-nous.

Jésus-Christ, exaucez-nous.

Priez pour nous, Bienheureux Benoît-Joseph ; afin que nous
soyons rendus dignes des promesses de Jésus-Christ.

PRIONS.

O Dieu, qui regardez avec complaisance les cœurs
doux et humbles, crucifiés au monde, et à qui le monde est
crucifié, donnez-nous, à l'exemple et par l'intercession du
Bienheureux Labre, ce fidèle disciple de la pauvreté évangélique, de l'humilité et de la pénitence, de mépriser tout
ce qui passe et de ne nous glorifier en autre chose que dans
la croix de Jésus-Christ, afin qu'enracinés dans son amour,
nous ne cessions de vivre en Lui, et qu'après cette vie d'un
jour, nous méritions d'arriver à la vie éternelle ; nous vous
en prions par le même Jésus-Christ votre Fils, qui vit et
règne avec vous, en l'unité du Saint-Esprit, dans tous les
siècles des siècles. Ainsi soit-il.

PRIÈRES QUE LE BIENHEUREUX RÉCITAIT CHAQUE JOUR.

1° *Le matin* : Dieu, créateur du ciel et de la terre, mon
aimable Sauveur, je vous remercie de l'amour immense que
vous avez eu, non-seulement pour moi, mais pour tous les
hommes. Je vous aime par-dessus toutes choses, et je veux
vous aimer toute cette journée, ainsi qu'à tous les instants

de ma vie. Je vous prie de m'aider à faire votre sainte volonté ; je veux vous aimer pour les infidèles et les pécheurs et vous prier pour eux, toute cette journée, afin que vous daigniez les éclairer et les faire rentrer dans votre grâce. Je veux aussi gagner les indulgences pour délivrer les âmes du purgatoire. Accordez-moi, ô mon Dieu, votre amour, imprimez dans mon cœur les marques de votre cruelle passion. Je vous aime, mon divin Jésus, et je vous donne mon cœur.

Sainte Vierge, préservez-moi en ce jour et pendant toute ma vie, de tout péché, afin que je ne perde pas l'amour de mon Dieu. Je vous rends grâces, Vierge Sainte, au nom de tous les fidèles et pour tous les pécheurs, aidez-les, assistez-les, afin qu'ils retournent à leur aimable Dieu. Soyez le secours de tous dans cette journée et toujours. Ainsi soit-il.

2° *Le soir*. Dieu de bonté, je vous demande pardon de tout mon cœur de vous avoir offensé ; Seigneur, mon Dieu, j'aimerais mieux mourir mille fois, que de vous offenser davantage. Mon doux Jésus, je m'offre tout à vous ; et je vous remercie d'avoir eu pitié de moi durant cette journée. Je veux vous aimer toujours et continuellement pendant cette nuit, quoique je dorme ; je remets mon âme entre vos mains. Je vous recommande les âmes du purgatoire ; aidez et éclairez tous ceux qui vivent dans les ombres de la mort, soit les infidèles, soit les pécheurs ; je vous prie pour eux. Je vous rends grâces à tout moment, mon divin Jésus, de ce que vous m'avez conservé la vie, afin de vous aimer toujours de plus en plus. Je veux de tout mon cœur reposer dans votre grâce.

Sainte Vierge, je vous remercie de tous les biens que vous m'avez procurés. Je vous recommande les âmes du purgatoire ; quoique je dorme, je veux vous aimer et vous remercier de la part des infidèles et des pécheurs, aidez-les, afin qu'ils rentrent en grâce devant votre divin Fils. Enfin,

je vous recommande mon âme et je la remets entre vos mains.
Ainsi soit-il.

Un grand nombre des guérisons miraculeuses et des
grâces signalées qui ont été accordées jusqu'ici par l'intercession du Bienheureux Benoît-Joseph Labre ont été obtenues à la suite de neuvaines ferventes, quelquefois même
plusieurs fois répétées. C'est donc un moyen favorable pour
nous attirer la bienveillance de ce puissant Protecteur. On
pourrait pendant la neuvaine réciter cinq *Pater* et cinq *Ave*,
ou même un *Pater*, un *Ave* et un *Gloria Patri*. Le Bienheureux avait beaucoup de dévotion à ces pratiques, et elles
lui seront certainement agréables. Il serait bon aussi de se
proposer d'honorer chaque jour une des vertus du Bienheureux et de chercher à l'imiter, au moins autant que notre
faiblesse nous le permettra (1).

CANTIQUES

En l'honneur du Bienheureux Benoit-Joseph Labre.

1er CANTIQUE (2).

1.

Tous les Saints ont suivi de Jésus le chemin,
Tu dois mouler comme eux tous tes pas sur ses traces
Si tu veux t'attirer le trésor de ses grâces,
Et l'avoir à jamais « dans le ciel » (*bis*) pour ta fin.

(1) On peut suivre avec grand avantage les exercices d'une Neuvaine
en l'honneur du Bienheureux, indiqués par M. Robitaille, chanoine
de la cathédrale d'Arras. Voir sa *Vie du bienheureux Benoît-
Joseph*, p. 94, 2e édition.

(2) Ce cantique est connu sous le nom de *Cantique de S. Labre*,
et a été composé peu d'années après la mort du Bienheureux.

2.

Ne fais point consister ta gloire ni ta paix
En des discours en l'air qu'un indévot profère ;
Ce n'est pas aux mondains qu'il faut tâcher de plaire ;
Mais à Dieu, qui te voit « en tout ce » (*bis*) que tu fais.

3.

Tu te dois rendre exact à te mortifier,
Et craindre à tout moment de tes sens les amorces ;
Quand même ils sembleraient avoir perdu leurs forces,
Tu ne dois pourtant pas « follement » (*bis*) t'y livrer.

4.

Pour dompter ton orgueil, soumets-toi promptement ;
Pour perdre le caquet, observe le silence ;
Pour être moins surpris use de vigilance ;
Et rends-toi circonspect, « pour agir » (*bis*) prudemment.

5.

Dieu se plaît à nous voir bien petits devant lui :
Si nous vivons toujours dans l'humble défiance,
Il nous fera marcher avec persévérance ;
Et dans tous nos besoins « il sera » (*bis*) notre appui.

6.

Tu n'en dois pas douter, notre Dieu n'est qu'amour,
Il ne veut pas ta mort ; sans cesse il te convie
A toujours travailler pour l'éternelle vie ;
Ne diffère donc plus, « il attend » (*bis*) ton retour.

—

2° CANTIQUE (1).

Colloque avec le Bienheureux.

Refrain :

Du séjour de la gloire,
Bienheureux, dites-nous,
Après votre victoire,
Quels biens possédez-vous ?

(1) Ce dialogue de pieux pèlerins avec le Bienheureux est plein de

Le Bienheureux : Ces biens sont admirables,
                Le cœur n'a point compris
                Quels trésors ineffables
                Dieu garde à ses amis.
Les Pèlerins : Vous domptez la nature,
                A peine adolescent,
                Vous mâtez sur la dure
                Un corps faible, innocent.

     Refrain :   Du séjour, etc.

Le Bienheureux : Pour ce qu'on abandonne,
                On reçoit en retour
                Cent fois plus qu'on ne donne
                Et l'éternel séjour.
Les Pèlerins : Vous bravez les injures
                Des plus rudes saisons ;
                Sans abri, sans chaussures
                Et vêtu de haillons.

     Refrain :   Du séjour, etc.

Le Bienheureux : Pour prix de ma victoire,
                Dieu me couvre à jamais
                Du manteau de sa gloire
                En son riche palais.
Les Pèlerins : Les plus durs sacrifices
                Semblent vous rendre heureux ;
                Vous faites vos délices
                De jeûnes rigoureux.

     Refrain :   Du séjour, etc.

Le Bienheureux : Dieu me sert à sa table
                De splendides festins ;
                O douceur ineffable
                De ces banquets divins !

naturel et d'onction ; il respire une douce piété, et amène comme conséquence naturelle l'imitation des vertus de Benoît Labre, le but principal que nous devons nous proposer dans le culte des Saints. Il a été composé par M. le Curé d'Œuf, qui a su si bien inspirer à ses paroissiens, la dévotion au bienheureux Benoît-Joseph Labre.

Les Pèlerins :   Celui qui vous estime
Blesse vos sentiments ;
Quel zèle vous anime
Pour les abaissements.

Refrain :   Du séjour, etc.

Le Bienheureux : La plus belle couronne
Est pour l'humilité ;
Qu'il s'élève son trône
Dans l'heureuse cité.

Les Pèlerins :   Votre corps sur la terre,
Votre cœur dans les cieux,
Vers le souverain Maître
Vous leviez les yeux.

Refrain.

Ah ! du sein de la joie
Qui remplit votre cœur,
Enseignez-nous la voie
Qui conduit au bonheur.

Le Bienheureux : Je marchais sur les traces
Du Sauveur notre Dieu,
Et je cherchais ses grâces
En tout temps, en tout lieu.

Les Pèlerins :   L'amorce séduisante
Du monde et des plaisirs
Me poursuit et m'enchante,
Comment me soutenir ?

Refrain :   Ah ! du sein, etc.

Le Bienheureux : D'un enfer effroyable,
Je craignais les tourments,
La flamme impitoyable,
Et les regrets cuisants.

Les Pèlerins :   Lorsque je sens l'orage
En mon cœur menacer,
Je tremble, et mon courage
Semble m'abandonner.

Refrain :   Ah ! du sein, etc.

Le Bienheureux : J'allais puiser la vie
Aux sources du Sauveur,
La sainte Eucharistie
M'inspirait la vigueur.

Les Pèlerins : En ce séjour d'alarmes,
De souffrances, comment
Procurer à mes larmes
De l'adoucissement ?

Refrain :   Ah ! du sein, etc.

Le Bienheureux : La passion cruelle
De Jésus mon Sauveur,
Sa tristesse mortelle
Consolait ma douleur.

Les Pèlerins : O Serviteur fidèle
De la Reine des cieux,
Quels sont de votre zèle
Les résultats heureux ?

Refrain :   Ah ! du sein, etc.

Le Bienheureux : Oh ! que Marie est bonne
Pour son vrai serviteur,
Je lui dois ma couronnne,
Je lui dois mon bonheur.

Les Pèlerins : Exaucez la prière
De ce peuple pieux
Qui dans ce sanctuaire
Vient vous offrir ses vœux

Refrain :   Ah ! du sein, etc.

Le Bienheureux : Vous possédez un gage
De mon affection ;
Il sera d'âge en âge
Votre protection.

Les Pèlerins : Répète nos cantiques,
Temple trois fois heureux,
Qui garde les reliques
De notre Bienheureux.

Refrain :   Ah ! du sein, etc.

Le Bienheureux : Oui, priez dans ce temple,
Vos vœux, je les connais,
Du ciel je vous contemple
Et bénis à jamais.

3e CANTIQUE (1).

Pèlerinage d'Amettes.

1.

Dans nos concerts pieux,
De notre Bienheureux
Célébrons la mémoire ;
Tout redit en ces lieux,
A nos cœurs, à nos yeux,
Ses vertus et sa gloire.

2.

Dès ses plus tendres ans,
Benoît fut des enfants
Le plus parfait modèle ;
Candide, obéissant,
Humble, doux, bienfaisant,
A tout devoir fidèle.

3.

Déjà brûlant d'amour,
Il offrait, nuit et jour,
Une ardente prière ;
Et son cœur tressaillait
Pendant qu'il contemplait
L'auguste et saint mystère.

4.

Comme un autre Alexis,
Désirant, à tout prix,
Fuir la peine éternelle,
Dès l'âge de seize ans,
Il quitte ses parents,
Et vole où Dieu l'appelle.

5.

A Sept-Fonds, aux Chartreux,
De saints religieux
D'abord il suit la trace ;
Mais malgré son ardeur,
Un trouble intérieur,
Le fatigue et le lasse.

6.

Il part en pèlerin,
Changeant chaque matin
De voie et de demeure ;
Seul et sans compagnon,
Il est en oraison,
En tous lieux, à toute heure.

7.

De haillons revêtu,
Il marche le pied nu
Et couche sur la dure,
Souffrant avec bonheur,
De la faim la douleur,
De l'hiver la froidure.

8.

Il vénère d'abord
Dans un pieux transport
La maison de Lorette,
Et le ravissement
Qu'en son âme il ressent
L'y retient et l'arrête.

(1) Nous devons ce beau cantique au talent d'un des professeurs les plus distingués du collège de Montreuil. C'est un charmant tableau de la vie et des vertus de notre illustre compatriote.

9.

Il part et chaque jour
Visitant tour à tour
Un nouveau sanctuaire,
Du saint qu'il vient prier
Il brûle d'égaler
La vertu la plus chère.

10.

Le Suisse et l'Allemand,
L'Espagnol et le Franc
Et toute l'Italie
Admirent sa douceur,
Sa bonté, sa candeur,
Sa rare modestie.

11.

Six ans le bienheureux
Poursuit d'un pas joyeux
Ce long pèlerinage,
Quand l'Esprit du Seigneur
Dit à son serviteur :
« C'est assez de voyage. »

12.

Dès lors il suit l'attrait
Qui toujours le poussait
Dans la Ville éternelle,
A Rome seulement
Il trouve un aliment
Qui suffise à son zèle.

13.

Là, docile à la voix
D'un Dieu mort sur la croix,
Et fidèle à sa grâce,
Plus pauvre que jamais,
Il est sûr désormais
De marcher sur sa trace.

14.

Sa robe est un lambeau,
Un débris de chapeau
Couvre son front modeste ;
Pour apaiser sa faim
De légume ou de pain
Il mange quelque reste.

15.

Chaque soir, retiré
Sous un mur délabré
Il poursuit sa prière,
Et pour trève à ses maux
Prend un peu de repos
Couché sur une pierre.

16.

La sainte pauvreté
Dans toute sa beauté,
A pour lui tant de charmes,
Qu'il croirait peu l'aimer
S'il n'osait affronter
Ses horreurs et ses larmes.

17.

L'effroi du mendiant,
L'insecte avilissant
Qui le gêne et déchire,
Les affronts, les mépris
Ont pour lui plus de prix
Que le sanglant martyre.

18.

Souvent en butte aux coups,
Il reste calme et doux
Comme son divin Maître ;
« Il ferait pis encore,
« Répond-il tout d'abord,
« Qui pourrait me connaître.

19.

Ministres du Seigneur
Témoins de sa ferveur,
Dites, quels sanctuaires
Ne l'ont vu tout le jour
Répandre avec amour
Ses pleurs et ses prières.

20.

Tantôt d'un front heureux
Il vient offrir ses vœux
A la vierge Marie ;
Il ne peut se lasser
De bénir et d'aimer
Cette Mère chérie.

21.

Tantôt considérant
De Jésus expirant
L'ineffable mystère,
Il suit, les yeux en pleurs
La trace des douleurs
De son Dieu, de son Père.

22.

Plus souvent, soupirant
Près du Saint-Sacrement
Il est inconsolable ;
Il a vu le pécheur
Outrager le Sauveur
En son temple adorable.

23.

Qui dira son bonheur
Quand il sent dans son cœur
Venir le Dieu suprême !
Il adore, il bénit,
Il loue, aime et gémit ;
Il est hors de lui-même.

24.

Enfin ses longs travaux,
Ses jeûnes et ses maux
Ont épuisé sa vie ;
Alors, d'un œil serein,
Il voit venir sa fin ;
C'était sa seule envie.

25.

O Seigneur tout-puissant
C'est à vous maintenant
De publier sa gloire ;
De dire à vos enfants
Par des traits éclatants
Que grande est sa mémoire.

26.

Et vous, ô Bienheureux,
Qui régnez en ces lieux
Par votre bienfaisance,
De tant de malheureux
Vous entendez les vœux,
Montrez votre puissance.

NOTES SUR AMETTES.

Le village d'Amettes est situé dans une étroite vallée, dont il occupe le fonds, au centre du quadrilatère formé par les villes de Norrent-Fontes, Lillers, Pernes et Houdain. Il est arrosé par la Nave, au cours paisible, lorsqu'elle n'est point grossie par les fontes des neiges ou les eaux torrentielles des orages ; il y a peu d'années, il n'était en quelque sorte abordable que pendant les courts mois de l'été, mais Amettes a profité à son tour des travaux qui ont tant amélioré les voies de communication de notre département ; les routes qui y conduisent sont devenues praticables en tout temps(1).

Cette commune qui dépend du canton de Norrent-Fontes, se trouve à seize kilomètres de Béthune et à quarante kilomètres d'Arras ; elle renferme environ 450 habitants, presque tous cultivateurs et trouvant dans leur travail de quoi suffire à l'entretien de leurs familles.

Amettes appartenait au douzième siècle à la maison de Bailleul et relevait du comté de Saint-Pol. Elle devint ensuite l'apanage des familles de Carvin, de Berghes et de Nédonchel. Cette dernière en conserva la seigneurie jusqu'à la Révolution et y possède encore d'importantes propriétés. André de Bailleul y avait fondé une chapelle en 1145, et elle fut érigée en paroisse en 1230. Malbrancq raconte que

---

(1) Le chemin de fer du Nord, de Paris à Calais et Dunkerque par Béthune, à sa station à Lillers, à deux lieues d'Amettes.

cette église possédait une fiole merveilleuse d'huile apportée du mont Sinaï. Mais ce qui contribua le plus à la célébrité de ce village et ce qui fait aujourd'hui sa gloire, c'est l'honneur d'avoir été le berceau du bienheureux Benoît-Joseph Labre. A peine cet homme extraordinaire fut-il mort à Rome que sa réputation de vertu et les miracles opérés par son intercession firent accourir de nombreux visiteurs à Amettes, les uns pour témoigner leur reconnaissance des faveurs qu'ils avaient obtenues, les autres pour implorer à leur tour la puissante protection du nouveau saint ; et ce concours de pèlerins n'aurait sans doute pas été interrompu un seul instant, si la Révolution ne fût venue arrêter tous les élans religieux, car déjà on s'y portait en foule, et des pays les plus éloignés ; mais aussitôt que l'exercice de la religion eut recouvré sa liberté, l'affluence recommença avec une nouvelle ardeur et ne fit qu'augmenter de plus en plus.

Cet accroissement devint bien autrement remarquable, depuis que le Souverain-Pontife eut accordé à ce village une précieuse relique du Bienheureux (la rotule du genou). On peut dire qu'il ne s'est pas passé depuis lors un seul jour sans qu'on vît arriver des pèlerins à l'église et à la maison de Benoît. Ce fut le 19 juillet 1860 que le père Virili, postulateur de la cause, et missionnaire du Précieux-Sang, apporta à Amettes cette relique insigne ; on avait organisé pour la cérémonie une magnifique procession où figuraient plus de deux cents prêtres, et l'on évalua le nombre des spectateurs à plus de quinze mille. Après la procession, le R. Père Desnoyers, que désignait d'avance pour cette mission sa Vie du Bienheureux, fit en plein air le panégyrique du nouveau saint.

Depuis cette époque chaque année voit revenir en foule, non-seulement les paroisses voisines, mais même celles qui sont à une grande distance ; elles arrivent à pied, croix en tête, bannières déployées, faisant retentir les airs de pieux can-

tiques. Le plus souvent ces nombreux pélerins s'approchent de
la sainte Table ; puis après avoir assisté avec ferveur au saint
sacrifice, se font un devoir de descendre à la maison du
Bienheureux ; et là encore, de donner à leur protecteur les
marques les plus tendres et les plus touchantes de leur respectueuse affection. Bien plus, un grand nombre de villes
du diocèse ont été à leur tour offrir leurs hommages au héros
d'Amettes ; on a organisé des pèlerinages à Saint-Omer, à
Hesdin, à Aires, à Béthune, à Saint-Pol, à Arras, à Boulogne, etc. Cette dévotion n'a point été circonscrite dans les
limites du département. De toutes les parties de la France,
sont venus de pieux pèlerins ; nos frontières ne les ont même
point arrêtés ; il en est arrivé de Belgique, d'Angleterre, de
Savoie, des États du Pape, et d'autres contrées lointaines.
Nous ne dirons qu'un mot des principaux pèlerinages ; citons
d'abord le vénérable chapitre de la cathédrale d'Arras, qui
voulut y célébrer une messe solennelle, et témoigner ainsi
hautement de sa dévotion au bienheureux Benoît : «Le sermon
« fut prononcé par le chanoine Robitaille ; les nobles pèle-
« rins visitèrent ensuite l'oratoire, la maison et la chambre
« de Benoît Labre, où ils se sont distingués par de pieux
« larcins, emportant des éclats de vieux bois comme de pré-
« cieux souvenirs! »

Vers la fin de la même année, on y vit Monseigneur
l'évêque d'Arras, de Boulogne et de Saint-Omer, accom-
pagné d'un de ses vicaires généraux, se mettre publiquement
sous la protection de celui à la gloire duquel il avait si puis-
samment travaillé.

Au mois de mai 1861, Mgr l'évêque de Gand avec
M. Morel, du même diocèse, camérier de Sa Sainteté, est
venu recommander ses diocésains au Bienheureux et a célébré
la sainte Messe à son autel.

Le R. P. Wiart, de la Compagnie de Jésus, avant de
partir pour la Guyanne française, en qualité de missionnaire,

voulut remercier Benoît Labre d'une faveur qu'il lui avait accordée et lui recommander sa mission si difficile auprès des déportés de Cayenne.

Parmi les faits les plus touchants, on remarque un nombreux pélerinage de Saint-Omer, conduit par les Carmes déchaussés de cette ville, et un émouvant sermon du R. P. Marie.

L'on vit ensuite partir de Béthune, le grand doyen en tête, plus de cent personnes qui, insensibles à une pluie torrentielle, paraissaient ne respirer que la joie et le bonheur, répétant ce que leurs anges conducteurs leur avaient dit : « Quel temps précieux pour augmenter les mérites de ceux « qui viennent invoquer un Saint dont la vie n'a été qu'un « sacrifice continuel ! »

Un grand nombre d'habitants de Saint-Pol vinrent également assister à une messe en musique, chantée par les élèves des Frères Maristes, et par la société des *Amateurs réunis* de cette ville.

Un pélerinage qui mérite d'être noté, parce qu'il produisit une grande impression sur les populations voisines, est celui que voulurent faire en union et simultanément tous les prêtres du doyenné de Norrent-Fontes. Une messe solennelle fut chantée à l'autel du Bienheureux, et ces nombreux pasteurs firent retentir les voûtes de l'Eglise de beaux cantiques en son honneur.

Nous ne nous permettrons point de citer les hauts personnages, les hommes recommandables, soit par leur position sociale, soit par leurs vertus; qui vinrent rendre leurs hommages au saint d'Amettes; outre que ces détails nous entraîneraient trop loin, nous craindrions de blesser leur modestie et leur désir de rester inconnus, afin que Dieu seul se charge de récompenser leur foi et leur confiance dans son grand serviteur. Mais nous ne pouvons omettre certaines particularités édifiantes. Ainsi, l'on vit des pèlerins descendre de leur voiture à quelque distance d'Amettes, pour se donner la satisfaction de fouler aux pieds ces chemins si souvent parcourus par le jeune Benoît ; et ensuite arrivés dans l'Église, à l'exemple encore du Bienheureux, rester longtemps à genoux, les bras étendus, ou parcourir dévotement les stations du chemin de la croix. Quelques-uns demandèrent avec instance comme une grande faveur, la consolation de passer la nuit dans la chambre même du Bienheureux.

L'attrait naturel que l'on ressentait pour visiter le lieu de naissance de Benoît-Joseph Labré s'était encore augmenté par les récits que l'on faisait de nombreuses guérisons, de grâces importantes obtenues par l'entremise du Bienheureux.

Voici quelques-unes des faveurs que le Seigneur s'est plu à accorder à ceux qui sont venus implorer l'assistance du Bienheureux, dans ce sanctuaire qui doit lui être particulièrement cher. Toutefois nous avertissons nos lecteurs que nous ne prétendons pas donner aux faits que nous rapportons d'autre valeur que celle que l'on peut tirer de témoignages humains et que nous laissons sans réserve à l'autorité supérieure le soin d'examiner et de décider si quelques-uns de ces faits se présentent avec un caractère surnaturel et miraculeux.

Un père dans la douleur était venu plusieurs fois, entouré de personnes de sa famille, demander la guérison de son fils atteint d'aliénation mentale ; pour prix de sa persévérance, exaucé enfin, il fit le pèlerinage avec ce même fils parfaitement guéri, qui a laissé comme souvenir de sa reconnaissance une médaille d'argent de grand module.

Une jeune fille épuisée par la maladie s'était fait transporter à Amettes ; et, après avoir prié quelque temps avec foi devant l'autel du Bienheureux, elle se releva, ayant subitement retrouvé ses forces ; depuis, elle est venue à diverses reprises remercier son bienfaiteur et s'est plu à contribuer à la décoration de son autel.

Une autre jeune fille de Sibiville, attaquée d'horribles ulcères qui lui rongeaient la figure et la forçaient de la tenir voilée s'unit à ses compagnes pour faire une neuvaine au Bienheureux et obtint aussi sa guérison complète.

L'on a vu deux personnes de Gand venir en pèlerinage, pour remercier Benoît Labre d'une faveur qu'il leur avait obtenue et donner à l'église un superbe ciboire sur le pied duquel est gravé le portrait du saint.

Un zouave pontifical, dangereusement blessé, fut ramené chez ses parents dans un état désespéré ; mais il a confiance dans le Bienheureux, il fait plusieurs neuvaines en son honneur, et, quelques mois après, il venait à Amettes honorer celui à qui il attribuait sa guérison.

Un petit enfant de Bourg-Marais était attaqué d'une maladie de la moëlle épinière ; déjà il avait perdu l'usage des jambes et des bras ; les médecins le regardaient comme incurable. Ses parents au désespoir l'apportèrent à Amettes, et lui firent baiser la relique du Bienheureux ; l'enfant unit sa prière innocente à celles de ses parents ; quelque temps après, il revenait à ce sanctuaire béni, en parfaite santé, remercier son puissant protecteur.

Une petite fille pauvre ayant été guérie d'une manière non moins frappante et contre toute espérance, les habitants de son village se cotisèrent pour offrir en son nom un beau cœur en or et argent ciselé, qui fut apporté à Amettes par une députation à la tête de laquelle figuraient le Maire et le Curé.

Un jour de l'année dernière où l'affluence des pèlerins avait été fort nombreuse, Amettes fut le théâtre de deux faits extraordinaires. Un jeune homme de Merville qui, malgré ses infirmités, avait voulu suivre la procession, se trouve tout-à-coup guéri et laisse publiquement ses béquilles en ex-voto à la chapelle. Une pauvre femme du village d'Œuf, frappée d'une surdité complète était venue, disait-elle, pour être guérie ; elle passa toute la journée à prier avec ferveur, tantôt à l'église, tantôt à l'oratoire et à la chambre du Bienheureux ; sa confiance ne fut pas trompée, car, le soir, au grand étonnement de tous ceux qui la connaissaient, elle avait recouvré l'ouïe parfaitement.

Enfin, plus récemment encore, une Sœur de charité venait offrir au Bienheureux un beau cœur en argent comme témoignage de la gratitude de toute sa famille. On l'avait, en effet, vue précédemment faire le pèlerinage d'Amettes pour obtenir la guérison de sa mère sujette à des crises nerveuses tellement graves qu'elles lui ôtaient l'usage de la raison. Elle suppliait le Bienheureux d'accorder au moins à la malade des moments de calme qui lui permissent de recevoir le Pain de vie, dont elle était privée depuis longtemps. Elle obtint davantage, car sa mère fut complétement guérie et ne conserva de toutes ses infirmités qu'une certaine faiblesse, comme souvenir de la faveur dont elle avait été l'objet.

Ces quelques traits paraîtront suffisants sans doute, pour encourager à entreprendre le pèlerinage d'Amettes, s'ils ne démontrent point assez clairement aux yeux de tous, quelle est la puissance que le Seigneur a accordée au Bienheureux, et combien il est disposé à récompenser ceux qui viendront visiter pieusement le lieu de naissance de son serviteur.

Il n'y a d'ailleurs peut-être point d'autre lieu illustré par la naissance de ces saints personnages que l'Église élève sur ses autels, qui en conserve un aussi grand nombre de souvenirs. Amettes est véritablement privilégié sous ce rapport, tout pour ainsi dire y parle du Bienheureux; et si l'on a lu sa vie, il n'y a pas jusqu'aux chemins caillouteux que l'on est obligé de parcourir qui ne vous rappellent les mortifications extraordinaires que Benoît pratiquait dès son enfance, marchant dans ces sentiers avec des souliers sans semelles, afin de s'habituer aux austérités de la vie de pèlerin.

En arrivant, vous apercevez l'église construite sur une éminence ; dès que vous y entrez, vos yeux s'arrêtent tout d'abord sur une belle statue du Bienheureux, les bras croisés sur la poitrine, le chapelet au cou, les yeux levés vers le ciel ; et, à cette vue, vous vous sentez ému, vous invoquez avec ferveur celui qui vous attire en ce lieu. Au fond de l'église se trouve l'autel principal où Benoît aimait tant à servir la Messe et où il le faisait avec une attention, un recueillement, une ferveur si admirés dans un enfant ; à gauche s'élève l'autel dédié au Bienheureux, surmonté de son portrait, rapporté de Rome par le vénérable curé d'Amettes (M. l'abbé Decroix), et dont l'aspect seul inspire la dévotion ; c'est dans le tabernacle de cet autel qu'on tient renfermée la relique insigne du Bienheureux, et tout autour se voient de nombreux ex-voto, témoignages de vénération et de reconnaissance. Un peu plus bas dans l'église vous remarquez l'autel de Notre-Dame du Mont-Carmel, devant lequel Benoit Labre aimait à passer de longues heures en contemplation ; ce fût là qu'il se consacra tout entier à Marie.

En sortant de l'église, entrez dans le cimetière, vous y pourrez retrouver encore le sentier que suivait le Bienheureux pour monter chaque jour au temple saint ; encore quelques pas et vous apercevez la prairie qui s'abaisse en pente rapide et dirige vos yeux jusqu'à la maison des parents de Benoît. Elle a été conservée, autant que possible, telle qu'elle était alors. « L'aspect de cette maison dénote une « honnête aisance ; il appartenait en effet à une famille d'une « condition moyenne, ce qui augmente le mérite de la vie « de sacrifices quotidiens qu'il s'est imposée. La chambre « qu'il habitait, est une mansarde étroite, ménagée dans « les combles, et l'on montre l'endroit où dans son enfance, « il se couchait à côté de son lit, pour imiter les saints anacho- « rètes ; on y conserve précieusement un livre dont son on- « cle, ancien et vénérable ecclésiastique, certifie que le Bien- « heureux a fait un usage fréquent pour ses méditations. » On ne peut être introduit dans cette chambre, sans ressentir une vive émotion ; on tombe à genoux et l'on supplie celui qui l'a sanctifiée de nous faire participer à ses vertus.

Près de là, sur l'emplacemeut d'une ancienne grange dans laquelle Benoît s'était ménagé une retraite où il goûtait les charmes de la solitude, a été construit un petit oratoire que les pèlerins aiment à visiter. Si vous descendez quelques pas, vous apercevez la place du village, ornée aujourd'hui encore de ces arbres séculaires au pied desquels Benoît venait s'asseoir, le dimanche après l'Office, pour faire une pieuse lecture ou raconter quelques histoires intéressantes aux jeunes gens de son âge qui l'écoutaient toujours avec tant de plaisir.

Depuis deux ans surtout, le pèlerinage d'Amettes a pris un grand développement, et Monseigneur Parisis, Evêque d'Arras, désireux de le favoriser autant que possible, et de procurer aux pieux pèlerins tous les secours spirituels, a confié aux RR. Pères Maristes la mission de desservir ce sanctuaire ; déjà deux Pères sont installés avec le titre de curé et de vicaire d'Amettes. — Ils se dévouent à leurs fonctions avec autant de talent que de zèle et le succès couronne leurs efforts ; au temps pascal, ils avaient annoncé une retraite pour les hommes ; à tous leurs sermons on accourut en foule des villages voisins, et les nombreux fidèles qui participèrent à la communion générale n'oublieront jamais ce beau jour.

Une neuvaine solennelle a été aussi célébrée cette année à l'occasion de l'anniversaire de la réception de la relique insigne à Amettes ; chaque jour on vit arriver de nombreux pèlerinages ; la communion fut distribuée à une multitude de personnes ; les messes se succédaient sans interruption, souvent même deux ou trois messes se célébraient simultanément. Les bons Pères se multipliaient, afin que tout se passât dans l'ordre et dans le recueillement ; on se vit obligé plusieurs fois de faire évacuer l'église à la fin de chaque messe afin d'en permettre l'entrée à ceux qui attendaient leur tour au dehors (1).

A chaque pèlerinage les RR. Pères adressaient quelques paroles de félicitation et d'encouragement à marcher sur les traces de celui que l'humilité avait élevé si haut; le soir l'église se remplissait de nouveau pour le salut précédé d'un sermon, et ce n'était pas sans un vif plaisir que l'on entendait recommander à l'assemblée les intentions des pèlerins, et que l'on s'unissait aux prières récitées à cet effet.

Les bons pères sont toujours là, disposés à recevoir les pèlerins, à les entendre et à les réconcilier avec Dieu (ce qui doit être le principal but qu'un chrétien se propose dans un pèlerinage). Ils ont des paroles de consolation pour ceux qui sont dans la peine, d'encouragement pour ceux qui sont dans le désespoir; de sages conseils pour ceux qui sont dans le trouble et les perplexités; en un mot, ils se dévouent entièrement à la gloire du Bienheureux et au salut des âmes à qui Dieu inspire la bonne pensée de recourir à l'intercession de ce puissant protecteur. Nous le dirons, parce que nous l'avons éprouvé nous-même : Heureux ceux qui sont déjà venus prier Benoît Labre dans ce village où tout parle au cœur; ils auront ressenti cette joie pure, cette félicité intérieure qui laisse un si délicieux souvenir. Il se seront promis de venir de nouveau goûter ces douceurs célestes.

O vous qui ne connaissez pas encore ces jouissances, venez avec foi, venez avec humilité, à Amettes, venez vous prosterner dans cette Chambre bénie, au pied de cet autel privilégié, et, nous pouvons vous le garantir, vous ne quitterez ces lieux que le cœur plein de douces émotions et d'ineffables consolations.

(1) Aussi s'occupe-t-on activement de l'agrandissement de l'église, de manière à en doubler l'enceinte, et l'on espère y parvenir dans le cours de l'année, grâce à la générosité des fidèles qui se font un honneur de contribuer à la décoration de l'église du Bienheureux.

TABLE DES MATIÈRES.

Arras.—Typ. ROUSSEAU-LEROY, rue Saint-Maurice, 26.